Integrative Therapy
100 Key Points and Techniques

統合的心理療法

マリア・ギルバート／
ヴァーニャ・オーランズ

Maria Gilbert, Vanja Orlans

監訳 前田泰宏／東 斉彰

100の
ポイントと技法

Ψ
金剛出版

謝辞

長年にわたり、本当に多くの人々が私たちの個人としての
成長と専門職としての成長に深く貢献してくださいました。
そしてその貢献は今もずっと続いています。この世界によ
りよく存在することの探求に一緒に関わってくれている私
たちの家族、親友、仲間、学生、スーパーヴァイジー、そ
してとりわけクライエントの皆さんに感謝いたします。

Integrative Therapy: 100 Key Points and Techniques
By Maria Gilbert, Vanja Orlans

Copyright ©2011 Maria Gilbert, Vanja Orlans
Authorised translation from the English language edition published by Routledge,
a member of the Taylor & Francis Group, through Japan UNI Agency, Inc., Tokyo

0

　統合的心理療法は、生理、感情、認知、文脈、行動のシステムをまとめあげる統一的なアプローチであり、個々のケースごとに新たに作成される多次元的で関係的な枠組みを創り出すものです。

　『統合的心理療法──100のキーポイントと技法』は、専門家や学生が、クライエントを最大限に援助するアイディアや技法を用いるために、特定のアプローチを超えて視野を広げるのを助ける簡潔で便利なガイドとなります。各セクションは以下の論点で構成されています。

　・心理療法への統合的アプローチ
　・関係性と自己発達の諸次元の重要性
　・統合的心理療法のプロセス
　・技法と戦略

　本書は、実践とトレーニングの両面から視野を広げたい、統合的アプローチについてさらに学びたいと考えるあらゆる心理療法家とカウンセラーにとって重要な文献となるでしょう。

監訳者まえがき

本書は英国の熟練の統合的心理療法家、マリア・ギルバート（Maria Gilbert）とヴァーニャ・オーランズ（Vanja Orlans）が著した *Integrative Therapy: 100 Key Points and Techniques* の全訳である。

原著書にも「まえがき」に相当する部分はあるが（ポイント0）、ややざっくりとしたものである。そこで、著者たちのプロフィールに関する若干の補足と、監訳者から見た本書の特徴や著者たちの統合的心理療法の基本的な考え方について少し触れておきたいと思う。本文への橋渡しになれば幸いである。

巻末の紹介欄にある通り、著者の二人は原著書の刊行（2011年）当時メタノイア研究所（ロンドン）の統合部門の共同責任者の要職にあり、統合的心理療法の発展に向けて尽力していたことが同研究所のウェブサイトから窺い知ることができる。同研究所は1984年に設立され、英国で最初にヒューマニスティック指向の専門家養成プログラムを提供した団体のひとつとされている。現在も質の高い心理療法トレーニングを提供し、またカウンセリング、心理療法、カウンセリング心理学のパートタイム大学課程および大学院課程をもつ教育慈善団体として、カウンセラー、心理療法士、組織経営コンサルタントらのための専門家養成プログラムを提供している。マリア・ギルバートについては、「さまざまな心理学理論やテクニックを統合し、クライエントのニーズに最も適した形で応えるセラピーへの関係的アプローチの重要性を強調した」ことが紹介されている。そして、ヴァーニャ・オーランズとの共同研究である本書は、「現代の統合的心理療法の形成に大きく寄与し、クライエントの複雑なニーズに対応するために、さまざまな治療アプローチを組み合わせた包括的な枠組を提供している」として、その意義が高く評価されている。

本書の特徴について紹介しよう。本書は書名にもある通り、統合的心理療法、つまり特定の心理療法アプローチの枠組みを超えて、実践家の視野を広げ、個々のクライエントにとって真に役立つ実践を行っていく上での必要不可欠なポイントについて懇切丁寧な解説が加えられた、いわば統合的心理療法の手引書と見なすことができる書籍である。

試みに、読者の方には目次にざっと目を通してみて、興味を引いたポイントのページを是非読んでいただきたい。著者たちが目指す統合的心理療法において、そのポイントがなぜ重要であるのかが、関連する豊富な文献的裏づけと実践的示唆に富むコメントや考察によって、説得力を持って読者の心に注ぎ込まれることだろう。個人的な体験で恐縮だが、監訳者も本書の監訳過程で、これまでに自分が関わったさまざまなクライエントとの交流場面のひとコマひとコマがあれこれと蘇ってきて、過去の実践の振り返りを行っている自分に気づくことがしばしばあった。読者の方が本書をどのように読み、また何を体験されるのかとても興味があるが、自分の臨床を謙虚に振り返る貴重な機会となることは間違いないだろう。

　ちなみに、著者たちが推奨する統合的心理療法は、何よりも関係的枠組みに根差したものであり、クライエントの強みや好みへの共感的調律や関係性の共同創造（co-creation）の認識に基づく協働作業の重視など、ヒューマニスティックなスタンスがベースにあるように思われる。安全な作業同盟を共同創造し維持することができてこそ、難しい精神内界的問題や対人関係的問題、さらにより広い文脈的問題に取り組むことができるのである。

　なお、本書は8つのパートから構成され、各ポイントはそれぞれが独立した形で記述されている。そのため本書の読み方として、先にお勧めしたように読者が興味を引かれるポイントのどこから読まれても、おそらく大きな支障はないように思われる。紙幅の関係で各パートの概要をここで述べることはできないが、読者は各ポイントにじっくりと取り組むことで、著者たちが目指す統合的な実践に向けた歩みを、一歩ずつ確実に進めることができるだろう。監訳者二人も、本書の監訳作業を通して著者たちが目指す統合的な実践に何歩かは近づくことができたように感じている。そして、これからもその小さな歩みを一歩ずつ続ける所存である。

　ようこそ、誠実性と倫理的な価値に根差した統合的心理療法の世界へ！

監訳者を代表して　前田泰宏

訃報

2020年11月29日、原著書の第一著者であるマリア・ギルバート教授が逝去されたことが、同12月14日付のBPS（British psychological society）最新情報欄に報じられた。同欄には、第二著者のヴァーニャ・オーランズ博士による心のこもった追悼文が掲載されている。この場を借りて、マリア・ギルバート教授のご冥福を心よりお祈り申し上げたいと思う。

監訳者／前田泰宏・東 斉彰

目次
統合的心理療法
100のポイントと技法

0 …iii

監訳者まえがき／前田泰宏…iv

PART 1　心理療法への統合的アプローチ…001

1　近年の専門職の状況…002

2　実践の統合的枠組みを支える哲学、価値、倫理…005

3　統合への批判…007

4　統合的心理療法のためのコンピテンシー…009

5　統合的心理療法のための私たちの枠組み…011

PART 2　統合に関する文献レビュー…015

6　統合の歴史…016

7　統合の定義…019

8　理論統合──メタ理論モデル…021

9　統合を支持する成果研究…022

10　共通要因──統合の基盤として…025

11　クライエント──変化の最重要「共通要因」…027

12　技法折衷…029

13　同化的統合…031

14　相補性──二つの方法を組み合わせること…033

15　感情神経科学と統合…035

PART 3　幼少期からの関係の重要性…037

16　発達における感情の優位性…038

17　幼少期の経験と脳の発達…040

18　感情調節と自己の発達…042

19　感情神経科学──パンクセップとダマシオの研究…044

20 社会脳——眼窩前頭皮質の働き…046

21 愛着スタイル——ボウルビィらの研究…048

22 愛着の世代間パターン…051

23 乳児の観察研究——スターンらの研究…052

24 ウィニコットと普通の「ほどよい」母親…054

25 感情調節障害と成人の病理——ショアの研究…056

26 早期の関係トラウマとその影響…058

27 生涯にわたる自己調節と相互作用的調節…060

PART 4　自己の発達の諸次元…061

28 関係性のなかで共同創造される自己…062

29 自己体験のさまざまな次元…065

30 生物学的な次元——自己と身体の関係…066

31 精神内界的な次元——自己と自己の関係…068

32 対人関係と間主観性の次元——自己と他者の関係…071

33 文化間の次元——文化、民族、より広い文脈…073

34 トランスパーソナルの次元…075

35 内在化された関係地図——RIG、スキーマ、内的作業モデル…078

36 人生に意味を与える——ナラティヴの発達と心理療法…080

37 メンタライゼーション——リフレクティヴ機能の発達…082

38 トラウマ的な記憶過程と解離…084

PART 5　統合的心理療法家のための問題のフォーミュレーション…087

39 問題のフォーミュレーション——一連の概念の活用…088

40 問題のフォーミュレーションと関係論的観点…090

41 診断とDSM——その賛否…092

42 不安と抑うつ——ありふれた課題…094

43 パーソナリティスタイルとパーソナリティ障害…096

44 問題のフォーミュレーションと発達的観点…099

45 問題のフォーミュレーションと実存的問題…101

46 慢性的な関係トラウマと単一のトラウマ的出来事…104

47 複雑性心的外傷後ストレス障害…106

48 統合的な問題のフォーミュレーションの構築…108

PART 6 統合的心理療法のプロセス…111

49 初回面接──検討すべき重要事項…112

50 どの文脈で、どのクライアントに、どのようなセラピーを行うか…114

51 心理療法による変化──愛と希望の役割…116

52 心理療法におけるアセスメント…118

53 治療関係のさまざまな次元の概観…120

54 作業同盟と効果的なセラピー…121

55 人間対人間または「リアルな」関係性…123

56 転移と逆転移…126

57 修復的または発達的に必要な関係性…128

58 トランスパーソナルな関係性…130

59 表象的な関係性…132

60 転移の扱いへのさまざまな見解…134

61 転移の反復次元と自己対象次元…137

62 関係性の暗黙的レベルと明示的レベル…139

63 無意識の共同創造または「分析的第三者」…141

64 互恵的な相互作用──二者心理学…144

65 統合的心理療法における時間の概念…146

66 インクルージョン──セラピーのプロセス目標…147

67 トラウマへの統合的アプローチ…149

68 治療同盟の亀裂──研究と臨床的展望…151

69 研究者としての統合的心理療法家…153

70 独自の統合スタイルの開発…154

PART 7　統合的心理療法のための技法と戦略…155

71 関係性をめぐる暗黙の知──自己調節と相互作用的調節を扱う…156

72 無意識過程と未構成の経験を扱う…158

73 共感的問いかけと共感的共鳴──承認が解釈に先行する…161

74 共感的調律…163

75 セクシュアリティ、ジェンダーアイデンティティ、性的指向…165

76 身体に気づく技法…167

77 治療的介入の概観…169

78 感情が高まる瞬間──即興性と自発性に働きかける…172

79 転移においてコフートの自己対象の次元を扱う…175

80 ナラティヴ・アプローチとして「脚本」を扱う…177

81 解離を扱う──可能な戦略…179

82 恥と恥に基づくシステムを扱う…182

83 マインドフルネステクニック…184

84 異なる自己状態の間で行われる内的対話…186

85 シンボリズムとメタファーを扱う…188

86 夢を扱う…190

87 性愛転移を扱う…192

88 治療プロセスにおけるセラピストの「自己」の活用…194

89 逆転移を扱う…196

90 心理療法における自己開示──活用と誤用…198

91 亀裂と修復のプロセスに取り組む…200

92 エナクトメントと治療の行き詰まりを扱う…202

93 あやまちを認める、あやまちを扱う…205

PART 8　倫理と専門職の実践…207

94 プロセスとしての倫理…208

95 抑圧に対抗する実践…210

96 実践における専門家意識…211

97 心理療法のより広い領域…212

98 心理療法組織の影…213

99 統合的心理療法家の課題…215

100　最後の振り返り…216

文献…217

監訳者あとがき／東 斉彰…232

索引…235

＊凡例
訳註は該当箇所に番号を振り脚註とし、番号は PART ごとに振りなおした。

PART1
心理療法への統合的アプローチ

1

近年の専門職の状況

　私たちは、治療に関わる専門職全体の文脈のなかで興味深い時期に本書を執筆している。2009 年に心理学者の法的規制が始まり現在も進行中であるが、心理療法家の法的規制は目下、激しい議論の末に保留となっている。イギリス保健省は援助専門職を規制する法的機関である医療従事者会議 (Health Professions Council: HPC) を拡張し、さらに全国職務基準 (National Occupational Standards: NOS) の発展とさまざまな治療様式のコンピテンシーの認定を支援している。現在これらの治療様式には、認知行動療法（CBT）、家族／システム論的療法、精神力動的／精神分析的療法、ヒューマニスティックセラピーが含まれている。これらの治療様式のそれぞれについて特定された NOS は、適用可能性を確認するためのフィールドテストが行われてきた。「治療様式の横断 cross-modality NOS」と呼ばれる追加のカテゴリーでは、特定の治療様式に関する研究において強調される主要なコンピテンシーのいくつかをまとめるように提案してきている（Skills for Health, 2008）。私たちは自分たちの仕事において透明性と慎重さに価値を置いているが、心理療法を成功させるためには一連のコンピテンシーを単に使うだけでは不十分であると考える。本書における私たちの関心は、再帰的アプローチ reflexive approach[01] に基づく「治療様式の横断」への焦点化を明確にすることである。加えて、セラピストという人間、クライエントという人間、そして問題が現れるより広い社会的枠組みによって、常に文脈的な情報が得られるような形式の心理療法を促進す

---

01 リン・ホフマンは再帰性 (reflexivity) について次のように述べる。「私は、再帰的 (reflexive) という言葉を新たな専門用語に格上げしたいのではない。『ランダムハウス辞典』によれば、それは、「ある部分をそれ自体へと折り返すこと」というように、ごく単純に定義されている。(…) それは「自分自身へと折り返すこと」という特徴を持つことがわかる」（野口裕二／野村直樹訳『ナラティヴ・セラピー——社会構成主義の実践』を参照）。この折り返しを自己に適用すれば「内省・省察」となり、関係性に適用すれば影響を与えかつ受けながら共同創造されるプロセスとなる。

ることである。私たちはまた、このような活動のプロセス志向の特質に光を
当て、それを実際にどのように展開するのかを明確にするつもりである。

　レヤードらの『うつ病レポート *The Depression Report*』(Layard et al., 2007)
の出版をはじめとした政治的な局面の展開では、うつ病の経済への影響が強
調されていて、こうした事態は短期の CBT に基づく治療的介入によって緩
和できるため、特定の治療様式を別の様式よりも支持すると主張している。
この種の短期療法は私たちの統合的な枠組みの一部であるが、提示された何
らかの問題に対してただひとつの治療様式を勧めるような還元主義的な立場
を私たちは支持していない。またそのような見方をするのは私たちだけでは
ない。例えばダリアン・リーダーは、このような動きについて、人間の精神
に関する市場主導の見方に重点を置いた「魂の迅速な修理」を追求する販
売代理人であるとして説得力ある分析を提示している（Leader, 2008)。また、
クレイグ・ニューンズも、このレポートの主張が人々を無理やり仕事に戻す
ことだけを意図しているとして、懐疑的な意見を述べている。

> 『うつ病レポート』は、人々の気分がよくなること、生活が向上するこ
> と、自己実現することや休養することに関するレポートではなく、仕事
> に復帰させ福祉の恩恵から除外することを要求するものである。人生
> を変えてしまう狂気の呪文が聞こえる人や屈辱的なアノミー[02]の感覚を
> もつ人は、セラピストがとうの昔に置き去りにしたような給与や勤務条
> 件の仕事に送り込まれることになるだろう。レヤードが述べる素晴らし
> い新世界のセラピストは、以前よりもずっと露骨なやり方で政府に仕え
> るブルジョワジーの片腕になるだろう。実際彼らは、現代社会の危なっ
> かしい状態に関する集合的な意見を人々に伝えるというよりは、むしろ
> 人々を確実に機械のなかの歯車の歯にするために政府に雇われているの
> である。(Newnes, 2007: 227)

　これらの議論から、私たちの社会には根深く深刻な実存的問題があり、現
在その問題は、経済的・法的なメカニズムを通じて表現されていることがわ
かる。私たちはまた、グローバルな規模で直面している経済的、環境的な課

---

02 社会的規範が失われ、社会が乱れて無統制になった状態。ある社会の解体期に発生す
る。社会学者デュルケームが用い始めた語。高度に技術化・都市化した社会で、親密感が
欠けることによって起こる疎外感。[デジタル大辞林より]

題の影響にも気づいている。

　こうした政治的・社会的変動の時代において、いろいろな意味で「学派主義 schoolism」への後戻りや統合プロジェクト離れが見られる。少なくともそれは、現在の治療様式に特化したコンピテンシーの開発や、NOSへの同一化を通して表現されている。しかし同時に、私たちはさまざまな文献や実践のなかで、心理療法の異なる「学派」において、より統合的なスタンスをとる動きがあることも確認している。これはコリン・フェルサムによるものであるが、彼は、「多忙で多様な実践状況において、専門的経験や臨床的英知、さらにクライエントのニーズへの対応に基づく統合的実践を報告している」(Feltham, 2007:17) 実践家たちについて言及している。人間は自分の経験や社会的相互作用に対して多面的な様相を呈する複雑な存在であるという認識が高まっているように思われる。提示された苦悩について検討し対処する方法は複数あるという認識と同様に、個々人の関係ニーズや心理的な困難の理解に到達するためには、一者心理学では限界があるという認識もまた見られるのである (Greenberg and Mitchell, 1983; Yelland and Midence, 2007; Willock, 2007)。例えば、マーティン・セリグマンのような重要人物が還元主義に対してなるほどと思わせるような批判を放ち、心理療法へのより広範な現象学的志向のアプローチを主張しているのである (Seligman, 1995)。

　しかしながら、心理療法の歴史を見れば、フロイトや彼の同時代に遡るかなりの期間にわたって統合への関心が存在していたことがわかる。例えばシャーンドル・フェレンツィは、1933年に書いた論文の幼少期の関係トラウマに対する精神分析的アプローチのレビューのなかで学派主義の限界を指摘している。彼は患者に導かれて技法に変更を加える必要性を説いた。彼は、「私たちがある一定の理論による解釈に固執したがることや、自分たちの権威や自己満足を傷つけるかもしれない事実に目をつぶる傾向があることを教えてくれた患者」に言及している (Ferenczi, 1994:160)。このような患者の反応は、患者にとって何が最善かを考慮して治療様式が分割されているというよりも、政治的な理由で分割されていることを示している。心理療法の歴史上のさまざまな流派を調べてみれば、流派間の絡み合いがあることがわかる。例えば、認知行動療法ムーブメントの創始者アルバート・エリスやアーロン・ベックは精神分析学の背景をもっているし、同様にゲシュタルト療法を発展させたフリッツ・パールズもヒューマニスティックの伝統を背景にもっている (Orlans and Van Scoyoc, 2009)。

004

2

実践の統合的枠組みを支える
哲学、価値、倫理

　統合的心理療法は、19世紀から20世紀にかけて合流したさまざまな伝統にそのルーツを持つが、それらはさらに以前の哲学的な考えに基づいている。この時代のムーブメントに私たちは実証主義心理学に対する人文主義の挑戦の起源を見ることができる。この挑戦は哲学の発展によって、つまりカント、ヘーゲル、そして19世紀の現象学や実存主義に属する著者たちの伝統を通じて支えられてきた。カント（Kant 1724-1804）は、対象の知覚と対象そのものとの間にある関係性に注目した。そこでは対象それ自体、つまりヌーメノン[03]は知ることはできず、それゆえ知識は私たちに立ち現れる現象としての対象のなかにのみ存在する、とカントは主張したのである。こういった考え方は、特に知覚的現実の本質、そして心理療法においては重要な知覚者の性質と役割に注目する。こうした観点から出発すると、心理学的なセラピーのなかに潜在する「真実 truth」としての何らかの単一の理論的観点は不可能になる。これら初期の人文主義的な考え方は、さらなる思索への道を拓いた。それは心理療法の実践と直接に関連しており、現象学的な伝統の発展を通して強調されているものである。後の心理療法領域における思索と実践にとって特に重要なのは、観察者と被観察者の間の共同創造 co-creation という着想であった。それは現象学的な立場の中核にあって、あらゆる関係の共同創造の上に私たちの統合的スタンスの基礎を形成するという考え方であり、図と地の分離不可能性という性質である。

　人文主義的な伝統のなかで訓練された専門家のように、統合的心理療法は、真実はひとつではないという哲学的立場を基本的な出発点とする。この出発点を真摯に受け入れるためには、以下の能力が求められる。それは、メタレ

---

03 カントの用語。感覚の客体とならず、知性の対象としてだけ考えられる対象を意味する造語である。「物自体」と同義。

005

ベルで仕事をする能力、多義性や異なる出発点を保持することの利益を主張する能力、さまざまな治療概念の基本的な哲学的出発点を積極的に統合できる能力、そしてこれらを通して、それ自体でまとまった形態を作る透明性のある方法の発見にその身を捧げる能力である。

　本書では、無謀な折衷主義やそれと関連する断片化した技法は支持しない。また、研究に基づく方略を越えるような「意見」にも賛意を表明しない。しかしながら、私たちが強調するのは、提示された問題を理解し、マネジメントする上で、臨床的判断とセラピスト／クライエントの相互作用が引き続き必要であるということである。つまりセラピストは、人文主義的なアプローチに基づく関係的枠組みのなかで、首尾一貫した再帰的な哲学的・理論的立場で仕事をする必要がある。この観点には、クライエントのニーズ、治療の可能性、治療結果の合意などに関してクライエントと協働すると同時に、治療者自身の意識的、無意識的態度の厳格な分析を伴う。このような治療的な努力の観点は、絶えず続く批判的な分析や新しく生まれるアイディアや理論の注意深い比較、そしてそのプロセスをまとまりのある一連の臨床的なスキルやその関連プロセスへと翻訳していくことを必要とする。このようなメタ視点への関与は、指導者にも学生にも熟練した実践家にも要求される。しかしながら、このようなメタ視点は、サービス提供の潜在的な適切性や卓越性を語る研究知見の継続的な批判的評価を保証するだけでなく、新たな理論や実践の恒常的な評価を保証する。それは文字通り、発展する専門家の環境のなかで「誠実性 integrity」に献身することである。

3

統合への批判

　私たちは実践のための統合的枠組みの発展を目指しているが、一方で心理療法への統合的アプローチに対するさまざまな批判についても考慮しなければならない。以下に主な論点をあげる。

1　統合的アプローチはその皮相性ゆえに何らかの概念的な深みや治療の深みに達することはなく、表面をなぞるものと見なすことができる。
2　統合的アプローチは「八方美人」であろうとしており、深い診断能力に欠けるので実際には誰にとっても有効ではない。
3　統合的アプローチは、誰に対しても、どんな問題も援助することができる、言い換えると、問題をもつあらゆる人に適用できると主張しており、尊大である。
4　統合的心理療法家は、「純正な」アプローチに没頭することで得られる心理療法プロセスに関する深い知識をもっていない。統合的心理療法家は、あまりにも多くの選択肢のなかで方向を見失い、ひとつの焦点から得られる明晰さに欠ける。

　ある種のケース、ある種の臨床家、そして心理療法の基本原理の訓練が不十分なある種の訓練においては、こういった批判のすべてがいくばくかの妥当性をもつと私たちは考えている。訓練では、厳密に概念を深く掘り下げるだけでなく、技法の適用における確固とした基盤や異なるアプローチ間の緊張と対立について考えるための余地を提供することも重要である。何よりも、あらゆるセラピストは、それぞれの成長段階における能力の限界を知り、非現実的で尊大な主張をしないことが重要であり、それは統合的心理療法家も同様である。最初から統合が教えられる訓練においては、訓練生はクライエントに対する介入法や問題に対する「本当の」もしくは「一定不変

の」解答はないという課題に取り組まねばならない。介入法がひとつに「定まる」ことはなく、頼れるマニュアルもないため、訓練生は、初めからメタレベルで概念化し、異なる介入法の選択肢を評価するという難題に挑むことになる。これは困難だがやりがいのあるプロセスであるし、洗練されたリフレクティヴ機能 reflective functioning [04] の発達を必要とする。

　私たちが支持する統合に関する文献には、二つの課題が概説されている（Eubanks-Carter et al., 2005）。私たちは共通要因や実践・理論・研究における変化プロセスの原理に多くの注意を払う必要があると信じている。また、開業臨床家が研究をさらに役立てるためには、臨床実践と関連がある問題に取り組むことで実践と研究のギャップを埋める必要があることにも気づいている。しかしながら、私たちはまた、訓練生の再帰的自己 reflexive self の発達、訓練環境がもたらすセラピストのリフレクティヴ機能をゆっくり発達させていく効果、有能なスーパーヴァイザーのサポートを受けながらクライエントとの治療作業に関与することの効果、そして個人的な心理療法の意味ある経験がもたらす感受性の発達や洞察の成長を強調したいと思う。

---

04 原書では reflect（リフレクト）、reflective（リフレクティヴ）、reflection（リフレクション）という用語が頻出する。それぞれ、「反射（する）」「反映（する）」「振り返る」「内省（する）」「自省（する）」といったニュアンスを含む動詞、形容詞、名詞であるが、原則として、上述のようにカタカナ表記を採用している。なお、「リフレクティヴ機能」の専門的定義や意味についてはポイント 31、32、37 で詳述されているので参照されたい。

4

統合的心理療法のための
コンピテンシー

　私たちは、心理療法家が関連文献や調査研究に基づいて、心理療法領域の重要な概念の基礎知識を備えていることの重要性を強調する。クライエントとの出会いから得た経験を発展させること、その経験の発展から得られるリフレクション、個人的な心理療法体験やスーパーヴィジョンにおけるリフレクションで作られたつながりもまた重要である。私たちは、心理療法家の指導経験から得たものだけでなく、臨床の文献、関連する研究、適切なコンピテンシーの同定から得たデータを見渡すことで、統合的心理療法家が携える一連の重要なコンピテンシーを特定した。このコンピテンシーは思索や実践のための有益な基盤を形成するだろう。要約すると、良質で経験豊富な統合的心理療法家は、以下の能力を示すことができるようになると考えている。

- 良好な対人関係能力と自己管理、メンタルヘルスに関する幅広い理解、かつ「注意義務」の概念に関する理解に基づいて適切な心理学的アセスメントを実施する能力
- 適切な境界線を維持し、守秘義務の限界を明確にする能力
- 効果的な治療同盟を創り、発展させ、維持する能力
- 精神病理学と診断システムを理解し援用する能力
- 生涯発達やそれと関連する理論の文脈のなかで、治療計画や目標、関連する変化プロセスを明確に概念化する能力
- 治療目標、治療活動、治療結果に関してクライエントと契約する能力
- パワーダイナミクスの評価とマネジメントを含む多面的な交流レベルで人間関係のダイナミクスを理解している
- 生涯発達理論の知識を示せる
- 心理学的セラピーの二つ以上の学派の理論とコンピテンシーを一貫した方法で統合し、学際的観点を評価する能力

- 明示的、暗黙的コミュニケーションに耳を傾ける能力と、そういった コミュニケーションを扱う能力
- 治療プロセスのなかで創造性や芸術性を役立てる方法について、具体 的な方法や言語やメタファーを使う方法を含め理解している。
- 調律 attunement ／調律の失敗 misattunements への感受性とそれに対 応する能力
- 多面的な自己に関する理解に基づいて取り組む能力
- 治療的交流の共同創造という性質への理解
- セラピストの自己の効果的、創造的活用
- 必要に応じて複雑な要求に対応する能力
- 必要に応じて心理社会的、文化的、文脈的要因に耳を傾ける能力と、 差異 difference の問題やそれと関連するパワーダイナミクスを公正に 取り扱う能力
- クライエントの自己理解や変化の選択肢への気づきが増すように取り 組む能力
- 治療段階、臨床内容、クライエントのフィードバックにしたがって介 入の妥当性についてリフレクトする能力
- 必要に応じてリスクアセスメントを行い、安全に配慮すること
- 倫理的な問題や専門職上の問題に配慮する能力と、そういった問題に 対処する能力
- 思索と実践の継続的な発展のために適切な専門家のサポートを利用で きる
- 臨床サービスの質の評価や改善を目指して治療実践をモニターし評価 する能力
- 治療プロセスの終結をマネジメントする能力

　このコンピテンシーは、特定の理論的オリエンテーションとは関係なく、 研究や有能な臨床家に求められる一連の包括的なスキルを伴う臨床経験から 得た幅広い知を反映している。

5

統合的心理療法のための
私たちの枠組み

　私たちのアプローチの中核は、良好な治療関係がもつ癒しの質の重視である。良好な治療関係は効果研究によって支持されており（例えば Wampold, 2001）、それは患者の強みや選好期待 preferences のような患者側の要因にしっかり耳を傾けることがきわめて重要であることとつながっている（例えば Hubble et al., 1999）。このような共感的調律 empathic attunement は、多様な心理療法のすべてにおいて非常に重要であることが明らかになっている。私たちは多年にわたり、関係性の視点に根差した統合の枠組みを発展させてきた。この枠組みは、自己の自己に対する関係性（精神内界的で身体志向の視点）、明示的 explicit レベルと暗黙的 implicit レベルの両方の交流における自己と他者の関係性（対人関係的／間主観的枠組み）、歴史的文脈と現在の文脈（心理社会的領域と文化的領域と政治的領域）双方と自己との関係性、そしてスピリチュアルな存在としての自己（トランスパーソナル領域）についての理解を目指している。私たちの文脈的な概念化は、クルト・レヴィンの場の理論の考え方（Lewin, 1997）や、文脈理解を抜きにした分析はありえないことを強調するポストモダン [05] の概念化（例えば Bayer and Shotter, 1998）から得たものである。要約すると、私たちは統合的心理療法を、共感的調律やそれと関連する交流への注意、関係性の共同創造という認識、暗黙の関係交流の理解、そして人間の相互作用の文脈化 contextualization の重要性を含むもの、と考えている。

　治療的な試みに関するこのような視点は、常に批判的な分析を行うこと、新たな考え方や理論を慎重に比較すること、そしてこのプロセスを一貫性のある一連の臨床的スキルに繋げることを要請する。治療計画や治療的介入は

---

05 現代の特徴を、近代が終わった後の時代のものと捉える考え方。近代社会の特徴である人々に共通した価値観を前提とできず、さまざまな差異や文脈と直面する状況として説明される。

011

臨床的に整合性のある枠組みのなかで行われるべきであり、個人差に細心の注意を払いながら、セラピストと患者との間の関係空間を協働的に発展させるべきである。このようなメタ視点への関与は、指導者にも学生にも熟練した実践家にも要求される。しかしながら、このようなメタ視点は、サービス提供の潜在的な適切性や卓越性を語る研究知見の継続的な批判的評価を保証するだけでなく、新たな理論や実践の恒常的な評価を保証する。それは文字通り、発展する専門家の環境のなかで「誠実性」に献身することである。

　統合的心理療法の実践では、クライエントの目標に向かって尽力する際に、治療同盟に基づき、倫理的な関係性に十分な配慮をしながら、それを意図的に活用する。このことは「クライエント」が個人であっても組織であっても変わらない。治療の成功に貢献するように、その関係性や心理療法家の自己を意図的に活用することが中心にあることをふまえて、私たちは特に、自分を振り返りつつ行う自己再帰的な実践、自己を理解すること、人間関係的な出会い、そして効果的な治療同盟を維持する際の調律、調律の失敗、修復への感受性を強調している。明確に組み立てられた安全な作業同盟を共同創造し、維持することによって、実践家とクライエントは同様に、複雑な精神内界的な問題、対人関係的な問題、文脈的な問題に集中することができるのである。私たちは、学生たちを心理学的セラピーの代表的な三つの学派をカバーするさまざまなアプローチの範囲で教育することを目指しているが、学生自身の実践という観点から最良の統合を支援することに重点を置いている。訓練カリキュラムの適切なデザインに関して、そして実際に本書で示されるその考え方に関して、臨床家に最も関連がある特定の重要な問題を浮き彫りにするために、ある種の選択を行っていることを私たちは承知している。しかしながら、私たちはこれらを硬い枠組みで示す意図はないし、さらに別の「治療様式」を提案するつもりもない。重要な考え方や原理であると私たちが考えるものを並べ、読者自身の特定の興味にしたがって取り入れてもらいたいと考えている。

　ただ私たちとしては、臨床実践やそれに関連した定式化に、「あれを少し、これを少し」取り入れるような折衷的アプローチは支持していないことを明言しておく価値はあるだろうと思う。現在、臨床実践における統合的アプローチに関する文献は広く存在し、異なる理論的オリエンテーションや実践的オリエンテーションが継続的に緊密な連携をとるようになっているように見えるが、個々の実践家自身が、自分の状況やクライエントたちにとって適

切な哲学や固有の実践を発展させていくことが必要であると私たちは認識している。このことは、臨床実践と研究の双方において、再帰性と誠実性を基本とした現象学的な姿勢を強調する私たちの哲学と一致している。しかし、私たちは統合的な手順に献身してはいても、クライエントに向かうとき、このひとつのやり方だけを押しつけることはできない。なぜならば、それは私たちの哲学に反するからである。

> PART2

統合に関する文献レビュー

6

統合の歴史

　心理学における三つの本流は、最初は比較的孤立したなかで、次いで互いに対立しながら、その後はこれら三つの伝統の間の架け橋をゆっくりと建設しながら発展してきたが、そのことが統合ムーブメントの始まりを告げている。統合への探究は、心理学的なセラピーにおける三つの主要な学派と伝統のなかに認められた欠点から生まれた部分もある。精神分析は、治療期間が長すぎると見なす人がおり、具体的な行動変容に焦点を当てないことを批判されてきた。患者は分析の過程で多くの洞察を得るかもしれないが、旧来の破壊的な行動パターンを依然として繰り返しているではないかと批判されてきたのである。具体的な望ましい行動変容に注目する行動療法は、症状の解消を達成する際に、その人のより深く根本的なパーソナリティの構造的な問題を扱わないことで非難されてきた。根本的な葛藤が放置されているため、ある症状を別の症状に置き換える、いわゆる「代理症状形成」がしばしばもたらされている可能性があるというのである。ヒューマニスティックセラピーは、人間の成長の可能性や最適に機能する力と自己実現を強調している。しかしそれはあまりに楽観的で、経験の影の部分を最小限に見積もり、人間存在の実存的現実と人間のなかにある悪への可能性を軽視していると非難されてきた。統合への焦点化は、多少なりとも、このような欠点と見なされている部分への対応と、人々を援助するための最も効果的な方法を見出したいという臨床家のニーズから発展したのである。

　統合の歴史に関する最近のレビューとして、私たちはゴールドフリードらの研究（Goldfried et al., 2005）を参照したいと思う。ゴールドフリード（Goldfried, 1995a）は、行動主義と精神分析の和解 rapprochement には、1932年のアメリカ精神医学会第 88 回大会において、フレンチが精神分析的概念の抑圧は行動主義的概念の消去と類似しているかについて挑戦的な問いを発したことに始まる長い歴史があると指摘する。フレンチは、ある素晴らしい

016

論文のなかでその類似性について略述し、パブロフの研究において実験的に消去された条件反射は永久に消失したわけではないとされているのは、精神分析における「抑圧の深さは変化する」のとまさに同じである、と指摘している（French, 1933:1169）。フレンチの論文は、「私たちはおそらく違う観点から同じプロセスを見ている」という考えを提起し、それが統合家にとっての重要な歴史的瞬間となった。それが、オリエンテーション間の対話を促進するための心理療法の共通言語の発見を意図した統合的アプローチの始まりの瞬間となった（Goldfried, 1987）。

　1936 年、ソウル・ローゼンツヴァイクは、オリエンテーションの違いに関係なく変化を促進する三つの共通要因に焦点をあてた（Rosenzweig, 1936）。それらは、変化をもたらすセラピストのパーソナリティ、ある状況への別の見方をクライエントに提供する解釈、そして、ひとつの領域における変化は別の領域に波及する可能性があること、つまり、オリエンテーションが違えば焦点が当たる領域は異なるが、いずれにしても変化を促進する可能性がある、ということである。このような共通要因への焦点化は、統合ムーブメントの中心的な特徴として残っている。ダラードとミラー（Dollard and Miller, 1950）のすでに古典的となった著書『パーソナリティと心理療法 *Personality and Psychotherapy*』は、精神分析と行動主義の橋渡しを目論んだものであり、統合ムーブメントのもうひとつの里程標を成したと言えよう。本質的に、統合へ向けられた彼らの努力は、中核となるプロセスに関する相補的モデルを成立させるために、退行、不安、抑圧といった何らかの心理プロセスについて対立する見方を和解させようとする試みと見なせるかもしれない。こういった初期の試みはさらに、1960 年代から 70 年代にフランクとフランク（Frank and Frank, 1961）などが行ったセラピー間の共通性を見る試みへと引き継がれた。彼らは、援助されることへのクライエントの期待と希望、人が自分自身や他人について抱く誤った考えを修正しようとする心理療法の傾向を、セラピーにおける共通の「治癒要因」として提示した。精神分析と行動療法はクライエントのために相互に補い合うことができるというワクテル（Wachtel, 1977）の見解が良い実例となり、次第にさまざまな心理療法学派の支持者たちは別のアプローチを受け入れるようになっていった。

　統合ムーブメントは徐々に勢いを増してきている。特定の問題には特定の治療が必要だと主張する心理療法の成果研究について批判的なレビューを書いたロスとフォナギー（Roth and Fonagy, 2005）は、現在の風潮のなかでは

統合を擁護してはいないが、統合を支持する次のような意見を述べている。
「結局のところ、あらゆる理論的オリエンテーションは苦悩する心という同じ現象の近似モデルであり、統合されるべきだろう」(p.14)。同時に彼らは、彼らが「借り物の技法」(p.15) と呼ぶものの凝集 cohesion[01] の重要性も強調している。

　子どもの発達と神経生物学における最近の研究は、心理療法がもたらす変化のプロセスと日常生活がもたらす変化のプロセスの根底にある基本的な関係要因について、その重要性を示す強力なエビデンスを提供している。ショア (Schore, 2003b) は、効果的な心理療法は原初的で非意識的な暗黙のプロセスのなかで右半球の変化を促し、複雑な制御構造の再現 re-emergence を促進していると考えている。彼は「心理学的な発達と心理療法の両方に共通する基盤プロセスとしての右脳の相互作用的な感情制御モデル」を提唱している (Schore, 2003b: 279)。このモデルは何か特定の心理療法のオリエンテーションに依拠する必要はなく、統合的アプローチを支持するものである。

01 化学用語で原子や粒子が多数集まり密な集合体を作ること。ここでは、さまざまな技法は同じ現象を対象にしているので、ひとまとめにできる可能性があるということを示していると思われる。

7

統合の定義

統合に関する私たちの「第一の定義」は、人に関するホリスティックな視点、つまり情動的、認知的、行動的、身体的、スピリチュアルなものすべてを統合した全体として人を見るという視点である（Lapworth et al., 2001）。また、このホリスティックな視点は、自己の異なる次元の精査を通して、中心的な統合原理としての発達的自己 developing self に注目することにもなるだろう（Stern, 2003; Evans and Gilbert, 2005）。この意味での統合の目的は、抑圧、解離、非－意識的で未構成な経験 unformulated experience、あるいはより意識的な否認など、気づきを妨害するものを人が扱えるように援助することである。その結果、人は「全体的な whole」存在となり、自身の人生を担うことができるようになる。

「第二の定義」は、心理療法のさまざまなアプローチからの理論・概念・技法の統合に関するものである。これは本質的に理論と技法のレベルでの統合であるが、この分野のさまざまなオリエンテーションをひとつの統合モデルにまとめあげることも含まれる。このパートの後半で、現在使われている統合のいくつかの種類について詳しく説明するが、私たちは理論と技法のレベルでの統合は、統合的心理療法家の成長においてきわめて重要なプロセスであると考えている。

統合の「第三の定義」は、統合的心理療法家の成長にとって不可欠であると私たちは考えているが、それは個人 personal と専門職 professional の統合である。統合的心理療法家は、統合的な実践を学び発展させる途上で、個人的な課題と専門職としての課題に直面する。それらの課題は、その人がその世界のなかにいることを心地よく感じるために克服しなければならないものである。本質的に、このプロセスについてのひとつの考え方は、発達途上の統合的心理療法家にとって、「偽りの自己」と「本当の自己」（Winnicott, 1950s, in Winnicott et al., 1989a）の両極への気づきのなかで、それらを統合し

抱えるという課題が進行しており、その結果、クライエントと向き合う際に、その人のなかで「自己感の分裂 split sense of self」がなくなるということである。この統合は、自分自身の影（Jung, 1968）の部分にその人が気づいていることを必要とする。その結果、意識的な気づきがないまま自分自身の影をクライエントに投影することはなくなる。一旦、個人的な統合がなされれば、発達途上のセラピストは、今ここでクライエントや同僚、親しい仲間に対して、役に立つ態度で触れ合うことができるだろう。

　「第四の定義」は、研究と実践の統合である。私たちは臨床家のことを現在進行形で自分自身の実践を研究する研究者と見なしており、彼らが個人的なスタイルを発達させていく際に、実践家のなかにある「研究者の姿勢 research mindset」の促進を勧めている。これは二つの方向のプロセスである。つまり、セラピストは最新の研究について学び、その知見を統合の枠組みのなかに統合し、その知見を自身の臨床実践に関連づける。同時に、自分自身の実践を、特に変化のプロセスを促進する要因の観点から「観察」する。そして、その観察によって得た情報を自分自身の実践モデルや研究の試みのなかに取り入れるのである。リフレクティヴな実践を発達させ洗練させることへの関心は、私たちの教授哲学の中心である。

統合的心理療法　100のポイントと技法

020

8

理論統合
メタ理論モデル

　一般に理解されている理論統合は、二つ、あるいはそれ以上の心理療法の
モデルを結合させて、新たなより効果的なモデルのなかへ包含するというも
のである。いわゆるメタ理論モデルは、心理療法の多くのアプローチを橋渡
しするモデルであり、理論に関する理論を提供するねらいがある。この課題
には固有の難題があるにもかかわらず、メタ理論レベルでの和解は試みられ
てきており、そのようなモデルがいくつか存在する。とりわけ、そのうちの
ひとつにウィルバーのモデル（Wilber, 1996）がある。このモデルは、ライフ
サイクルを通してサイコスピリチュアルな発達のプロセスを辿る。クラーク
ソン（Clarkson, 1990）の五つの関係性モデルは、三つの主要な心理療法学派
の橋渡しを行い、それぞれを包含した関係的な枠組みを提供している。ク
ラークソンとラップワース（Clarkson and Lapworth, 1992）の七段階モデルは、
心理療法における臨床的な選択への情報提供を目的とした七段階の経験に注
目している。エヴァンスとギルバート（Evans and Gilbert, 2005）の発達論的
関係モデルは、進行中の自己のさまざまな次元の概観を包含している。こう
いったモデルは、理論に関する理論、つまり競合する理論間の外見上の矛盾
という多様性を統合したり包含したりする試みのなかで、心理療法のさまざ
まなアプローチの橋渡しを行うメタモデルの創造を促すという共通点がある。
このようなメタモデルは、理論的に一貫性があり、さまざまなクライエント
とさまざまな状況のニーズに適合するに足る柔軟性を備えた枠組みを発展さ
せるという強い方向性において、折衷的アプローチとは区別される。

021

9

統合を支持する成果研究

　心理療法の実効性の研究には 75 年以上の歴史がある。初期の研究は、心理療法には効果があること、変化のプロセスにおいては「共通要因」が、何らかのオリエンテーションに特有の技法や戦略よりも重要であることを示唆した。1936 年には早くもローゼンツヴァイクが、さまざまな心理療法の方法にある「潜在的な共通要因」について語った（Rosenzweig, 1936）。彼が列挙したのは、セラピストのパーソナリティ、物事に対する代替的な見方をクライエントに提供すること、そして強調されたのが、オリエンテーションによって焦点は異なっても、どの心理療法も特定の方法で変化を達成していることであった。1975 年にルボルスキーらは、1949 年から 1974 年までの間に実施された 100 以上の研究プロジェクトのメタ分析研究に着手した（Luborsky et al., 1975）。これらの研究プロジェクトはすべて、特定の疾患の治療においては特定のアプローチがそれ以外のアプローチよりも優れていることを証明するために実施されたものである。綿密な分析の結果、特定の疾患に対するさまざまな心理療法の実効性の間に有意差はないことが示された。つまり、調査されたどの心理療法を受けようと、すべてにおいて改善が示されたと考えられた。彼らは、「私たちは〈ドードー鳥の判定〉に至った。つまり、全員が勝者であり、全員表彰されるべきである。それがいつも真実である」（Luborsky et al., 1975: 1003）と結論づけた。スミスとグラス（Smith and Glass, 1977）も追加で行われたメタ分析的な研究で「ドードー鳥の判定」[02] を確認し、アプローチ間の結果の違いを証明しようとする多くの著作や研究にもかかわらず、あらゆるタイプのセラピーは適切に使用されてさえいれば等

---

02 ルイス・キャロルの『不思議の国のアリス』に登場するドードー鳥が、自分の考えたレースの決着について「みんなが勝った。だから全員が賞品をもらわなきゃ！」と言った場面をローゼンツヴァイクが引用したことから。そのレースはスタート地点もスタートもばらばらだが、ドードー鳥の「終わり！」の合図で終了する。

しく有効であると考えられる非常に強力な知見を示唆した。このような研究結果がもたらされても、研究者たちはセラピー間に異なる実効性を確立しようと努力を続けた。

　成果研究のメタ分析レビューによるさらなる挑戦は、1997年にワムポルドらによって行われた。彼らが得た結果は初期の結論を支持していた。すなわち、「総じて、完全にドードー鳥の結論と一致している」(Wampold et al., 1997:210)。1975年から2000年にかけて行われた研究の調査方法は、より洗練されていったにもかかわらず、その結果は多くの統合の基礎となっている共通要因仮説を依然として支持するものであった。ワムポルド(Wampold, 2001)は文脈モデルの心理療法を支持しているが、これはさまざまなレベルの複雑なプロセスに影響する複数の要因への感度が高いモデルである。より最近ではスタイルズら(Stiles et al., 2008)が、イギリスのプライマリケアにおいて認知行動療法とパーソンセンタードセラピーと精神力動的セラピーの比較研究を行い、日常的な実践においてこういった治療は等価であることを証明した。研究者たちは、70歳のドードー鳥の判定を全く明確に支持することとなった。

　ボハート(Bohart, 2000)は、「ドードー鳥の判定」への抵抗は、その判定が特定の理論にもたらす脅威からくるものであることを示唆している。すなわち、「もし脅威でないならば……心理学の主要な調査結果のひとつとして、とうの昔に受け入れられていたはずである。そして論争を続けるのではなくセラピーの基礎として探究されてきたはずである。このデータはセラピーをどのように考えるかについて変化を呼びかけているのに、この分野は技法志向の古いパラダイムに縛られてきたのである」(Bohart, 2000:129)。加えて、変化のプロセスを支持するような共通要因研究への抵抗は、競争心や保身から生じているのかもしれない。要するに、「もたらされた考え方が、自分たちの準拠集団の一員と見なされていない人々からのものであるなら、その考え方の利点を進んで認めることはしないものである」(Goldfried, 1980:996)。

　近年、この難題はふたつの関連する分野の研究において活発に扱われている。それは関係性や愛着と関連した子どもの発達と神経生物学であり、それらには心理療法のプロセスと関連する説得力のある原理が含まれる。関係性の強調は臨床分野にも現れ、さまざまなアプローチに広がっている。こういった研究結果を十二分に報告しているアラン・ショアは、治療同盟を「介入あるいは技法」としてではなく、新たな制御構造の発展を支える成長促進

的な環境を媒介するものであると見なしている（Schore, 2003b）。次の 10 年の間、この画期的な研究が心理療法全般に組み入れられるようになるか、そしてアプローチ間の橋渡しに貢献できるかは興味をそそる。ここでは、さまざまなオリエンテーションを横断する心理療法の広範な分野における最新の焦点が、変化のプロセスにおける治療関係の重要性に注目した関係的方法を強調するものとして現れてきている、ということだけを付記しておきたい。

10

共通要因
統合の基盤として

　心理療法の「潜在的な」共通要因は、しばしば関係的なものであり、公式モデルの一部とはならない認識されざる要因として理解されてきたが、ローゼンツヴァイクがその重要性に着目した1930年代から（Rosenzweig, 1936）、効果的な治療的変化をもたらす共通要因への関心が増大してきている。ハッブルらは、共通要因についての議論のなかで、「思いやり、共感、温かさ、受容、相互的な肯定、そしてあえてリスクを冒し困難に打ち勝つよう励ます」といった、関係性に媒介される変数について語っている（Hubble et al., 1999, p.9）。子どもの発達と神経生物学の最近の研究は、このような関係性変数への焦点化を支持しており、心理療法実践に重要な情報を提供している。統合の共通要因アプローチを批判する人たちは、セラピーの実践をひとつの共通の標準へと「縮小」しようとすれば、さまざまなアプローチが携える概念の豊かさと技法の多様性を失うだろうと懸念している。さらに、心理療法の共通言語も、同様に豊かさと洗練を減衰させるものと見なしている。しかしながら、早くも1950年代のフィードラー（Fiedler, 1950）の研究で、同じオリエンテーションの初心者とベテランよりも、異なるオリエンテーションの経験豊富な臨床家同士にしばしばより大きな類似点が示されたことを思い起こすべきである。

　ノークロス（Norcross, 2002）は、調査研究の焦点を具体的な一連の技法やクライエントが提示する特定の問題を強調しない要因へと移行することを勧めるだけでなく、具体的な技法や特定の問題への焦点化は「第Ⅰ軸[03]の障害

03　本書は多軸診断システムを採用していたDSM-Ⅳ-TRの時代に刊行された。多軸診断システムでは以下の五つの軸から患者を理解する。第Ⅰ軸：精神疾患／第Ⅱ軸：精神遅滞（知的障害）とパーソナリティ障害（人格障害）／第Ⅲ軸：身体疾患／第Ⅳ軸：環境的問題／第Ⅴ軸：機能の全体的な適応評価。DSM-5で多軸診断は廃止され、より連続的・多元的なディメンション診断の発想が取り入れられた。DSMについてはポイント41も参照。

025

の処置のみ行う現実には存在しないセラピスト」像につながる可能性をも示唆している（p.4）。ノークロスはそれよりも、セラピストの人となりやセラピーの関係性や患者の特徴に焦点をあて、特定の技法の統合と同様に、治療関係や変化のプロセスについて知られていることの統合に調査研究の力点を置く必要性を強調する。また彼は、治療プロセスの協働性や相互作用的な性質にさらに重きを置く必要があることも強調している。

11

クライエント
変化の最重要「共通要因」

　心理療法の実効性に関わる多くの研究は、セラピストがクライエントに提供するものに焦点をあてる。これは、変化を促進するためにはセラピストが「中核条件」の多くを提供することが重要であるとするパーソンセンタードアプローチの初期の研究でも同様である（Rogers, 1951）。トールマンとボハート（Tallman and Bohart, 2005）は、多くの研究やセラピーの臨床的議論の中心にある「セラピストが主人公（hero）である」という発想に異議を申し立て、代わりに治療プロセスにおいては「クライエントが主人公である」と言い換えている。彼らに言わせると、クライエントには自己治癒という能力と、心理療法において有効な変化につながるものであればどんなものでも活用することができる創造性の能力があり、それは心理療法における最も有力な共通要因である。このアプローチを支持すべく、ハッブルらは次のように述べている。「技法やアプローチのなかに存在するかもしれない何らかの違いよりも、どんなものを与えられてもそれを活用することができるクライエントの能力のほうがたいてい勝っているがゆえに、ドードー鳥の判定が生起するのだと私たちは確信している」(Hubble et al., 1999:95)。彼らは、（特定のモデルではなく）心理療法の結果に関する情報に基づくアプローチを支持し、「セラピービジネス」ではなく、クライエントの変化を促進する要因を取り扱う「変化のビジネス」への献身に焦点をあてることを支持する（Miller et al., 2005:85）。セラピストは、現在の治療関係がクライエントに「うまくフィットしている」(p.85) かどうかを知る必要がある。そして、もしうまくフィットしていなければ、セラピストのスタンスを調整して、成功の可能性が最大化するよう速やかに適合させる必要がある。「セラピーはクライエントの生活の癒しの側面が自然に生じるように促す。セラピストはサポートシステムとリソースの提供者として機能する」(Hubble et al., 1999:91)。
　それゆえミラーらは、セラピーのプロセスに関するクライエントの考えを

引き出してそれを考慮するという、セラピーへのより協働的なアプローチに
ついて論じている（Miller et al., 2005）。彼らの見解は、変化のプロセスでは
クライエントの理論を主軸として尊重することにつながる。それは、問題
に対してクライエントが普段からもっている素朴な理論 informal theory の尊
重であり、特定のアプローチの信憑性と特定のセラピストへの信頼感のなか
にあるクライエントの信念の尊重である。彼らの「変化の心と魂 Heart and
Soul of Change」計画は、セラピストにフィードバックを提供し、セラピー
中の治療関係についてクライエントの体験を体系的に評価する二つの簡潔な
評価スケールを生み出した。ダンカンら（Duncan et al., 2004）は、調査研究
におけるクライエント要因と治療外要因に帰される割合が、アサイとラン
バート（Asay and Lambert, 1999）では 40％、ワムポルド（Wampold, 2001）で
は 87％であったことに言及している。彼らは、なぜクライエントにより注
意を払わねばならないかを非常に納得できる形で示しており、理論やモデル
や技法について議論する時間をさらに減らすことを提案している。このよう
に、重要な共通要因としてのクライエントに焦点を当てることで、セラピー
が行われる文脈への感受性だけでなく、クライエントとセラピストのどちら
の貢献も強調する共同創造のプロセスとしての心理療法の観点へと無理なく
至ることができる、というのが私たちの見解である。

　カウンセリングやセラピーの分野の最近の研究に関する出版物において、
ミック・クーパーは次のように書いている。「関係要因、セラピスト要因、
そして特にクライエント要因に関する豊富なエビデンスがどれもセラピー結
果をより明確に予測していることを考えれば、もっぱらオリエンテーション
に特化したレベルで研究する今後のあらゆる試みは意味がないと言えるだ
ろう」（Cooper, 2008: 158）。彼は研究領域（の問いの立て方）についても次の
ように述べている。「どのような関係要因／セラピスト要因／クライエント
要因が、うつ／不安／物質乱用／その他の問題を抱えるクライエントにとっ
て最も役立つ（役立たない）だろうか」。彼はさらに、例えば「共感やクラ
イエントの関与の程度が、実際に肯定的な結果に貢献している」（Cooper,
2008: 158 ／強調は原著者）ことの因果関係の特定に関心が集まるだろうと述
べている。そのような焦点化は、特定のクライエントの変化を促進する共同
創造される関係要因の特質の評価へと導くことになるだろうと私たちは考え
ている。

12

技法折衷

　折衷主義では、「ここでは何がうまくいくだろうか」という問いに焦点が当てられる。それはゴードン・ポールの有名な問いを彷彿とさせる。「結局のところ、すべての成果研究は次のような問いに向かって方向づけられるべきである。すなわち、ある状況下にいる、特定の問題をもった個人にとって最も効果的なのは、誰によって行われるどんな治療なのか」(Paul, 1967:111)。折衷主義は、介入については直接的で実用的な選択を行い、特定の事例において何が最もうまくいくのかに焦点を当てているが、理論統合にはほとんど関心がない。技法折衷は学派間の不一致をなんら解消することなく、異なるアプローチに由来する方法を使用するだろう。折衷的アプローチは、でたらめで、気まぐれで、風変わりなものから、体系的で経験的に妥当性があるモデルまでさまざまなものがある。折衷的アプローチは、何らかのパーソナリティ理論や精神病理学と結びつくのではなく、経験的な必要性に強固に基づいている。

　折衷主義の分野で傑出していたアーノルド・ラザラスは、自らを「技法折衷派」と呼ぶ (Lazarus, 1981)。彼は、クライエントの問題のさまざまなモードに焦点を当てる体系的なアセスメントと治療のモデルを発展させ、「マルチモードモデル」と称した。彼はクライエントの問題の注意深いアセスメントの後に、系統的な方法でクライエントの問題に向かうべくさまざまなオリエンテーションから適切な技法を選択するのである。ラザラスは統合のメタ理論に無関心である。彼は特に、認知行動的技法、ゲシュタルトのエンプティチェアワーク、イメージやファンタジーから成る幅広い技法をもっている。ポイント 11 で論じたミラーら (Miller et al., 2005) のセラピーの結果に関する情報に基づく臨床実践 outcome-informed clinical work は、特定の理論モデルではなく結果と結びついているため、技法折衷の範疇に入ると見なすことができる。クライエントのフィードバックに細心の注意を向けることで、

PART2　統合に関する文献レビュー

029

セラピストは進捗を確認することができるだろう。

　折衷主義への批判として、「輸入された」技法はセラピストのスタイルの別の側面と矛盾する可能性があること、リスクマネジメントへの細心の注意を怠って「その場しのぎ」に技法を使うならば、クライエントに有害な影響をもたらす可能性があることが指摘されている。十分なサポートやクライエントに及ぼす影響に関する知識ももたずに退行を招き入れる技法はこの範疇に入るだろう。ラザラスが提唱した体系的なアプローチは、アセスメントのプロセスや治療される問題に対する介入の適切性に細心の注意を払うことで、技法の輸入がはらむリスクを防ぐように意図されている。しかし、技法に焦点化したある種の介入の必要性を考慮したとしても、統合的心理療法家は、癒しのプロセスにおける関係要因の重要性に基づいた介入と実践のための一貫した理論的枠組みを伴う、幅広い哲学的アプローチに基づく必要がある、というのが私たちの見解である。治療的プロセスにおいて注意深く作業を進めなければ、場当たり的に輸入された技法は治療同盟に亀裂をもたらすことになるだろう。

13

同化的統合

　1992 年に同化的統合 assimilative integration という用語を紹介したスタンリー・B・メッサー（Messer, 2001 参照）は、自分自身の実践のもともとのアプローチのなかに別のアプローチ由来の新たな技法やアイディアを緩やかに同化させていくプロセスについて記述している。しかし、それは多くの心理療法家の成長において不可欠な部分であるように思える。同化の背景にある原理は、技法と概念がひとつの主要な理論的枠組のなかに持ち込まれると、それらは「ホスト（宿主）」と相互作用して、両者は互いに新たな産物へと変形されるというものである。同化的統合のねらいは、理論的かつ臨床的な適切さを保ちながら、セラピストのもともとのアプローチを豊かにするように、経験的介入と理論的概念の両者を組み合わせながら、もともとの理論を保持することである。

　この緩やかな同化過程のなかで、もともとのアプローチの力の一部が失われるリスクがある。新たな同化における理論的な統一性と内的一貫性に慎重に注意を払う必要がある。ただ、同化的統合家が新たな技法と概念の取り入れによる枠組みの本質的変更を考慮に入れないのであれば、「これらのモデルは相変わらず一貫性のない理論的純粋主義と折衷的実践の合成物のままである」（Wolfe, 2001）かに見える。しかし、私たちは同化的統合のいくつかの形態は、臨床家の大多数によって現在進行中の方法のなかで経験されていると信じている。それは、専門家としての成長に関わる活動やカンファレンスへの出席を継続することを通して、関連する研究や臨床分野の文献を読むことを通して、さまざまなアプローチのワークショップへの参加を通して、臨床過程においてクライエントから受けるフィードバックを通して、新たな素材と接触しているからである。つまり、これらのすべてが、適切な「実地の試み」とその結果として生じる成長、考察と実践の変化を促すのである。統合は、私たちの多くが成長してクライエントのニーズに対応する限りは避け

られない運命である。実際のところ心理療法の新たな形態は、既存のアプローチではうまく対応できていなかった特定のクライエント集団のニーズに対応する現場から徐々に生まれてくるが、それはまさに同化を通してなのである。ナルシスティックな問題を扱うためのデータ収集過程として、クライエントの体験への共感的共鳴 empathic resonance の使用を強調した自己心理学の誕生は、精神分析分野におけるその一例である。「コフートは、抱擁的共感 embracing empathy という方法によって、解釈を通じた洞察という古典的分析の優位性を却下した」(Lee and Martin, 1991 : 114)

14

相補性
二つの方法を組み合わせること

　相補性 complementarity は、クライエントによりよいサービスを提供することを目標とする統合モデルのなかで、二つ（もしくはそれ以上）のアプローチの組み合わせを指す用語である（Goldfried, 1995b）。相補性は、心理療法の異なるアプローチがすべて独自の貢献をしているとすれば、少なくとも二つの異なる独自のアプローチの組み合わせはよりよい結果を生み出すだろうという想定に基づいている。最終的に互いの欠点を「相補い」、それぞれのアプローチの長所を結合したものとなる。結果として、セラピストとクライエントは両アプローチの長所から恩恵を受けることができるのである。ポール・ワクテル（Wachtel, 1977）の精神分析と行動療法の統合はそのような例のひとつであると言える。もっともこの文脈で言えば、このような組み合わせの最初期の例のひとつであるとされる、1950 年代のダラードとミラーによる精神分析と学習理論の統合も忘れてはならない（Wampold, 2001）。相補性の別の例として、認知行動療法（CBT）、認知分析療法（CAT）、弁証法的行動療法（DBT）がある。CBT は、クライエントの内的な信念体系の変化によって促進される顕在的な行動の変化に注目することから発展した。CAT（Ryle, 1990）は、認知過程を解明するジョージ・ケリーのパーソナルコンストラクト理論と、クライエントの内的過程を理解するための精神力動的概念を組み合わせている。DBT（Linehan, 1993）は禅のアクセプタンスやマインドフルネスの原理と顕在的な行動変化への焦点化を組み合わせている。
　ショッテンバウアーら（Schottenbauer et al., 2005）は、相補性と何らかの点で類似しているように見える「系列的 sequential」と「並行的 parallel」と呼ばれる関連する二つの統合の形態を記述している。「系列的な心理療法の統合」では、二つの異なるタイプの心理療法が、治療の別々の期間にそれぞれの特定の問題領域をターゲットにして提供される。「同時並行的な心理療法の統合」では、二つかそれ以上のタイプの心理療法が、別々のセッション

033

で、あるいは同じセッションの別の場面で、治療の同じ時期や同じ週の間に提供される。このようなタイプの統合は、異なるアプローチであることを明確にしつつ、治療の過程でそれらのアプローチを結合させている。眼球運動による脱感作および再処理法（EMDR）やエナジー療法（Mollon, 2005 参照）や催眠は、しばしばこのような形式で精神力動的療法や関係療法と組み合わせて活用されている。こういった相補性アプローチの多くは、特定のクライエント群を援助したいという願望から発展し、特定の文脈や特定の問題のタイプの要請によって生まれた。相補性アプローチは、競合していたり表面上は相容れないアプローチから最も有効なものを得るために創造的な努力を行った結果であり、各々の貢献するモデルの強みを最大化する新たな統合と見なされている。

15

感情神経科学と統合

　現代のテクノロジーは、脳の発達と早期の感情体験の重要性に関する私たちの知識に大いに貢献した。神経画像とコンピュータ断層撮影（CCT）、磁気共鳴画像（MRI、fMRI）、単光子／陽電子放射線コンピュータ断層撮影（SPECT/PET）の脳スキャニング技術の出現によって、研究者は発達のさまざまな時点の脳のなかで、あるいは実験的に構成されたセッティングのなかで、何が起きているかを正確に突きとめることができるようになったのである。動物を用いた研究もまた、原始的で生存を基盤とした私たちの本性を示す意義があった（例えば LeDoux, 1998; Panksepp, 1998）。専門分野としての感情神経科学は、これらの新たなテクノロジーを利用して、脳と神経学的機能の理解、発達心理学の貢献、学習理論の新たな見地、原始脳の情動過程に基礎を置く体験の無意識的領域、潜在性記憶過程に関する見解を統合してきた。感情神経科学は、人間の関係機能に関して、単一の理論的アプローチに基づかない観点を獲得しなければならないという強力な議論とともに形成されたのである。

　さまざまな著者と研究者の論文がこの分野に重要な貢献をしているが、単一の理論的観点を維持するだけの試みに対して重要な疑問を投げかけ、発達と人の機能に関する学際的な観点を私たちに提供している。例えば、ヤーク・パンクセップ（Panksepp, 1998）は、意識の別の形態のための「心的土台 psychic scaffolding」の鍵となる部分として基本的感情状態が存在することを強調した。アントニオ・ダマシオ（Damasio, 2000）は、情動は本質的に調整的・進化的であり、学習と文化がその上に被さっていることを強調した。アラン・ショアは、現代科学の発展の学際的な性質に注意を促し、保護者と乳児の情動的コミュニケーションによって社会−情動的発達が顕著に促進されるという見解の裏づけとして、発達神経科学、心理学、生物学、薬理学、精神分析の合流に言及している（Schore, 1994）。彼は別の著書や研究で

035

もこの見解を堅持し続けている（Schore, 2003a, 2003b）。加えて、トラウマの分野における研究は、トラウマ体験の処理における私たちの記憶システムの重要な役割を強調している。トラウマ的な状況下では、意識・認知・言語に基づく顕在的な宣言的記憶システム explicit declarative memory system は抑圧される一方で、無意識的、情動的、身体的、非言語的過程に基づく潜在的な非宣言的システム implicit nondeclarative system が活性化される（例えば Rothschild, 2000）。あらゆる人に関わるこの重要なプロセスは、特定の心理療法によって対応できる領域ではなく、人の複雑なプロセスの理解を助ける一貫性のある統合的見解が必要であることを示唆している。

PART3
幼少期からの関係の重要性

16

発達における感情の優位性

このセクションでは、統合的心理療法の鍵となるいくつかの考え方を紹介する。まず、私たちは説得力ある統合的観点を提供している神経科学のいくつかの発展に焦点を当てる。その統合的観点は人間の発達のさまざまな側面を含み、生理的、心理的、社会的な関係交流の統合の観点から人間存在のホリスティックな性質を強調している。次に、人間の機能のホリスティックな側面を発展させることで統合的アプローチに大きく貢献している特定の研究者に焦点を当てる。特に感情神経科学は、専門的な科学分野として姿を現し、感情が人の発達の軌跡において果たす重要な役割をよりいっそう正確に理解することを可能にした。しかし、感情への関心は今に始まったことではない。感情の役割については、何世紀にもわたって議論に議論が重ねられてきた。有名な言明「我思う、ゆえに我あり」で知られるデカルトは、一般的には認知に焦点を当てたと紹介されているが、彼の著書『情念論』は感情体験と大きく関係している。別の議論における重要な論点は、感情を認知から独立したものと見なせるか、それはどの程度か、もし独立しているならば、どちらのモードが優位であるかに関するものである。そこにはまた、認知を理性的思考と見なせるかどうかという問題もある。アントニオ・ダマシオは「感情（アフェクト）affect」を、情動 emotions、気分 moods、フィーリングfeelings の組み合わさったものと考える。また彼は、情動は論理的に考える能力と深く関係しているため、情動を認知から独立したものとは考えていない（Damasio, 1994）。この見解は重度の脳損傷を負った患者の研究に基づいており、ダマシオはこの患者によって人間の機能の統合された性質を実証することができた。

また、感情は個人の内面にあるのか、それとも社会的な交流の機能なのか、という重要な議論もある（Harr, 1986）。神経科学の分野では、感情の脳内における正確な位置についてさらなる論争が起きている。かつて感情は大脳辺縁

系と呼ばれる脳の部位に位置していると思われていたが、現在ではこの見解は単純化されすぎていると見なされている。大脳辺縁系が状況の評価において重要な機能を果たすとしても、その機能的な限界の確定はより困難である。ジョゼフ・ルドゥー（LeDoux, 1998）は恐怖体験に関する研究のなかで、恐怖を感じるためには脳と身体のさまざまな部位が必要であると指摘している。

　意識的な情動体験を作り出すためにはワーキングメモリが不可欠であり、情動体験の生成に貢献している。つまり、脳のスキャニング部位である扁桃体が活性化すると身体の覚醒系も活性化され、身体と心の両方を含む一連のフィードバックループへと導かれる。活動傾向 action tendency もまた感情表出の構成要素として関連している（Izard and Kobak, 1991）。

　発達的な観点からは、感情神経科学の研究は、乳児と主たる養育者との感情的交流の質と乳児の脳の発達の間の関連性を確証している（Siegel, 1999）。愛着の研究は、乳児期の愛着関係のパターン形成や統合が情動調節の特徴的なプロセスや社会的関係性、自伝的記憶へのアクセス、自己リフレクション self-reflection や語り narrative の能力の発達に関連していることを明らかにしている（Main, 1995, 1996）。またハート（Hart, 2008）も、感情発達におけるミラーリングの役割に注目して次のように述べている。

　　発達の初期段階で、乳児は感情刺激を模倣する。また誕生時から、覚醒の調節は乳児が快か不快かを見出す社会的交流と連合している。乳児は顔の表情や運動活動、また養育者に向けた発声を通して感情表出を利用する。模倣行動のための神経系には生得的な構造があるように思われる。（p.89）

　こうした考えは、他者の観察を通して活性化される神経細胞「ミラーニューロン」の発見によって支持されている（Gallese and Goldman, 1998; Gallese, 2001）。

17

幼少期の経験と脳の発達

　乳児の脳におけるシナプス活性の急速かつランダムな増加は受胎から始まり、実際に必要とされているよりもかなり多くの神経細胞が作られる。この活動は、環境との相互作用に応じた「刈り込み pruning」[01] のプロセスによって、徐々に組織化されたパターンへと発展する。誕生したばかりの乳児の脳の重さは約 400g であるが、生後 12 か月で約 1000g に成長する。この初期の期間は、次の二つの観点から決定的に重要な意味をもつと見なされている。ひとつは脳のなかで発達する伝達経路に関するものであり、もうひとつは感情機能の初期発達に関するものである。脳の右半球は一番初めに発達する部分であり、生後 1 年半の間は急成長の状態にある。乳児の情動経験は乳児の初期の学習経験の多くを構成する音やイメージや映像を通して発達し、それらは脳の右半球に偏って不均衡に貯蔵される。なお右半球は、生後 3 年間は左半球よりも優位である。右半球は主として生命機能、つまり生存をサポートし、有機体がストレスに能動的かつ受動的に対処できるように関わっている。それは免疫系、神経内分泌系や循環器系の機能のみならず、コルチゾールの産生も担っている。これらの初期の発達はまた、後の自己調節の対処メカニズムの鍵にもなる（Schore, 1994; Gerhardt, 2004; Hart, 2008）。

　乳児の脳が発達する特別な方法と、この発達と関連づけられた臨界期により、乳児は肯定的な交流とその発達に及ぼす影響をとりわけ利用できるようになり、同時に環境との否定的な相互作用とその影響に脆弱となる。アラン・ショア（Schore, 1994）は、シナプス成長の臨界期と、右半球前頭前皮質における大脳辺縁系組織の感情調節のための分化は 1 歳の終わりから始まると提案している。そしてこの発達過程は乳児と主たる養育者との社会的・感

---

01 脳神経科学の用語で、生後間もない動物の脳では過剰にシナプス（神経結合）が形成されるが、発達過程において必要なシナプス結合だけが強められ、不要なシナプス結合は除去される現象をいう。

情的交流に埋め込まれた刺激によって著しく影響を受ける（p.13）。遺伝的要因も明らかにある種の役割を果たすが、その可能性が発現するには外部からの刺激を必要とする（Kandel, 2005）。したがって、幼い頃の環境との肯定的な社会的交流は、発生する刈り込みの様式を決定的に支えており、「使わなければ失われる」のが基本である。「可塑性 plasticity」の概念は、脳が発達と変化を受け入れる度合いに触れたものである。脳の発達におけるこの早期の段階は最も「可塑的」であり、発達的な結合や経路の作成に開かれている。このことは、一度確立された経路は相対的に固定的な性質をもつかという問いを提起するが、この点については議論の余地がある。しかしながらある研究では、成功した心理学的治療の結果として、愛着の中心となる脳の領域である右眼窩前頭皮質の著しい変化があったことを強調している（Schwartz et al., 1996）。またアラン・ショアも「神経系における経験依存的可塑的変化 experience-dependent plastic changes の能力は生涯にわたって存続する」と述べ、入手した研究に基づいて楽観的な見解を示している（Schore, 2003b, p.202）。

PART3　幼少期からの関係の重要性

18

感情調節と自己の発達

　脳の左半球が意識的な言語行動を通じて他者とコミュニケーションするように、右半球もメッセージを受け取る準備ができている他者の右半球にあまり意識されていない状態を伝達する。実際に私たちが目にする主な養育者と乳児の間の出来事は、母親が乳児の脳の成長に奉仕するために右半球を貸し与えるプロセスであり、同時に乳児がずらりと並んだ感情をうまく処理する能力を発達させるプロセスでもある。こういったコミュニケーションの過程で乳児の自律神経系もまた活性化され、生理学的な覚醒レベルとそれが感情状態に影響するレベルのコントロールを容易にする。

　ダニエル・シーゲル（Siegel, 1999）は、私たち一人ひとりが、過度な不快感や苦痛を引き起こさずにさまざまな強度の覚醒を処理することができる「耐性の窓 window of tolerance」[02] をもっているというアイディアを提唱している。この耐性の窓は、神経系の交感神経枝と副交感神経枝の覚醒レベルに基づいている。交感神経枝は、心拍数や覚醒、呼吸や発汗をコントロールし、一方で副交感神経枝は脱 − 覚醒 de-arousing と抑制機能を働かせている。パット・オグデンら（Ogden, P. et al., 2006）もこのアイディアを引用して、ある個人が「耐性の窓」のいずれか一方の境界を超え過ぎた際の生理的・感情的影響を強調している。その窓の上枠には、過覚醒の可能性が潜んでいる。それは、パニックや怒り、恐怖を伴う過度の警戒状態、あるいは不動状態（「凍結」反応）と連動した高い覚醒のいずれかを誘発する。窓の下枠には、感情の麻痺、あるいは恥、絶望、屈辱といった体験を伴う低覚醒状態の可能性が潜んでいる。比較的安全な環境の下では、乳児は上述したような種類の極度のトラウマ的な感情体験に結びつくことはなく、耐性の窓の辺縁部

---

02 情動調節の基盤としての大脳皮質の覚醒度を指す。ストレス刺激に対する感情の許容範囲を示し、耐性の窓の幅が広がることによってストレスにうまく対応できるようになるとされる。

での経験を通じて成熟した自己の感覚を育むことができる。しかし安全とは言えない環境は乳児に深刻な難題を突きつける（Trevarthen, 1989; Tronick and Weinberg, 1997; Glaser, 2003）。乳児が主な養育者と関わることの継続的な結果が、愛着関係の性質に影響し、さらにはその関係性のなかで乳児の自己感覚の発達をも決定することになる。シーゲル（Siegel, 1999）は次のように指摘する。「生起した相互作用は、その時点の情動経験に直接的な影響を及ぼす。愛着関係の文脈のなかでは、子どもの発達しつつある心と脳の構造は、将来の情動を調整する能力が影響を受けるような形で形成されるだろう」（p.285, 強調は原文）。

19

感情神経科学
パンクセップとダマシオの研究

　ヤーク・パンクセップとアントニオ・ダマシオの二人は、感情の発達とそのプロセスにおける脳の役割の理解に大きく貢献してきた特別な研究者であり著述家である。パンクセップ（Panksepp, 1998）は、意識の別の形態のための「心的土台」の中核となる基本的感情状態の存在を強調する。彼はその著書『感情神経科学——人間と動物の情動の基礎』のなかで、哺乳類の情動の過程について、発達の学際的な見解に基づく濃密かつ包括的な説明を行っている。彼は関連する研究の自らのレビューに基づいて次のように主張する。「デカルトの主張における確信〈我思う、ゆえに我あり〉は、あらゆる哺乳類の遺伝的性質である〈我感じる、ゆえに我あり〉という原初的な命題にとって代わられるかもしれない」（p.309）。パンクセップは著書のなかで、20世紀前半のジョン・ワトソンやバラス・スキナーのような行動主義者が、動物と人間の両方の行動を理解するために環境要因に注目したことに始まる心理学の発展の簡潔な歴史的概観を提示している。行動主義者のアプローチは、言語学者ノーム・チョムスキーから激しい批判を受けた。チョムスキーは、行動主義者たちが言語学習に関する考え方を拡張した際の仮定の誤りの指摘に尽力した人物である（Leahey, 2004）。パンクセップが指摘する通り、行動主義者たちは「本能や進化による負荷」がとてつもなく重要であることを考慮に入れていなかった（1998:11）。パンクセップは他の著作同様にこの本でも、この領域の研究の極めて複雑な性質——特に人の脳の可塑性と柔軟性を一方で受け入れながらも、脳の原始的感情構造とそれらの環境との多面的な交流に関して、調査研究に基づく詳細な洞察を私たちに提供し続けている。

　感情を根本的なものとする考え方をダマシオは別の方法で強調した（Damasio, 2000）。彼は、生物学的かつ精神的な三つの処理段階を提案した。一つ目は「情動の状態」、二つ目は「フィーリングの状態」、そして三つ目は「フィーリングによって作られた意識の状態」である。ダマシオは情動の制

御的・進化的性質を強調し、その上を学習と文化が覆っているとする。彼は、情動、気分、フィーリングのすべてのスペクトラムをカバーするアフェクト（感情）という用語に言及している。また彼は、次のように述べることで意識外領域についても言及している。「生物は、私たちのような意識的な生物がフィーリングと呼ぶところの状態を、そのフィーリングが起きていることを知ることさえなく、神経的・精神的パターンのなかに表象するのかもしれない」（p.36）。私たちは、直接的な方法でも自分の意思によってもほとんど情動をコントロールすることはできない。情動はしばしば「原始脳」と呼ばれる脳幹の奥深くに位置する脳領域によって実行される。ダマシオによると、情動がこころに影響を与え始めるのはフィーリングを通してであり、それは自己感 sense of self の出現に由来するフィーリングの豊かで持続的な影響を伴う。さらに情動は、有機体の命、すなわちその身体に関係している。彼は、平静や緊張、幸福感や不快感の状態に言及しつつ、「背景的情動 background emotions」の役割に注意を促している。彼は六つの一次情動ないし普遍的情動を認めている。喜び、悲しみ、恐れ、怒り、驚き、嫌悪である。二次情動または社会的情動は、当惑、嫉妬、罪悪感、優越感を含めて記述されている。トレヴァーセン（Treverthen, 2001）はさらに、自己調節情動と、彼が関係情動と呼ぶ情動を区別している。ダマシオは、いくつかの異なる水準の「生命調節 life regulation」を提案している。それは、基本的な水準の型通りの反応から始まって、情動、フィーリング、「高次の理性」へと続く。フィーリングの水準の後に、初めて私たちが考える意識が生じてくる。さらに彼は、これは線形システムではなくレベルを越えて相互作用すると断定している。ダマシオの研究の重要な貢献は、言語の役割とその拡張意識と中核意識の領域への寄与に重点を置いたことである。神経疾患によってもたらされた深刻な言語障害をもつ患者の研究では、「中核意識への言語の寄与はどこにも見られなかった」（Damasio, 2000:108）ことを証明している。パンクセップとダマシオはどちらも、他の哺乳類との関連性だけでなく私たちの世界における関係交流の複雑さにも注目しながら、人の機能に関する統合的な観点を提示している。

045

20

社会脳
眼窩前頭皮質の働き

　ここまでは、人の感情の全般的な発達における「原始脳」の領域の役割の重要性を強調してきた。原始脳は脳幹の奥深くに位置する低次の構造である。脳のより高次の構造には、知覚、意味形成、思考、推論を含むより複雑な情報処理を担当している場所がある。とりわけ右眼窩前頭領域は、覚醒パターンの調節と社会的行動や情動行動に特に関わるものとして強調されてきた（Barbas, 1995）。また、自分自身が歴史をもつ人間だと認識できる能力は、想起意識 autonoetic consciousness として知られている（Schore, 1994; Wheeler et al., 1997）。過去の自分について話す能力に右眼窩前頭皮質が関与していることは、脳のこの領域が、成人愛着面接（Adult Attachment Interview: AAI）から引き出される語りに関与していることを示唆している（Main et al., 1985）。なぜなら、眼窩前頭領域は特に対人関係の文脈における情動的な経験の組織化に関係していると考えられているからである（Heller, 1993; Cozolino, 2002, 2006; Hart, 2008）。低次および高次脳機能を媒介する役割と同時に身体の状態を調節する役割をもつ眼窩前頭皮質は、外部および内部の情報源からの異なる種類のコミュニケーションを統合する機能を果たす重要な領域である。オグデンら（Ogden, P. et al., 2006）は次のように提案している。

　　愛着行動システムの一部の機能において、眼窩前頭皮質は皮質で処理された環境に関連する情報を有効にし（例えば、顔の表情から発せられる視覚刺激や聴覚刺激）、体内の内臓環境における皮質下で処理された情報を統合すると考えられている。その結果、動機づけや情動の状態を伴う外部環境からの入力情報の連合が促進されるのである。（pp.153-154）

　眼窩前頭皮質には、情動の処理と活動傾向を総合的に管理・実行する機能があるため、脳のこの部位への損傷がとりわけ2歳までの早期発達トラウ

マ（Schore, 2003a）の文脈で起こるならきわめて深刻であると強調されてきた。つまり眼窩前頭皮質を含む右半球の早期の機能不全は、混乱型の愛着スタイルの発達、心的外傷後ストレス障害、境界性パーソナリティ障害に関係している。脳のこの部分は共感性を正確に管理する役割を与えられているが、この部分の早期の剥奪は反社会性パーソナリティ障害の一因になる可能性がある。したがって、脳のこの部位は経験に依存しており、安全な愛着や繊細に調律された社会的環境という最適な条件下で育まれる。社会的交流や支援が乏しい場合にも、柔軟な情動調節や情動を自己調節できる適応能力はその条件に支えられて発達する。また脳のこの部分の神経発達と機能は、シーゲル（Siegel, 2001）が言うところの他者の心を理解し納得する能力である「マインドサイト」に貢献する。シーゲルはマインドサイトを、例えば愛着経験によるメンタライゼーション能力[03]の発達（Fonagy and Target, 1997）のような別の考え方とも結びつけている。

---

03 メンタライゼーションについてはポイント 37 で詳述されている。

21

愛着スタイル
ボウルビィらの研究

　ポイント20では神経科学的な観点から見た愛着関係の重要性と、特に早期の二者関係（母-子関係）——必ずしもそこに限定されるものではないが——との関連で発達途上の子どもにとっての愛着経験の意味に注目した。ここでは愛着の概要とその統合的心理療法への影響について述べる。

　愛着理論はジョン・ボウルビィ（John Bowlby, 1907-1990）が展開した概念である。1933年に医学博士号を取得した後、彼は精神分析のトレーニングと並行して成人と児童の精神医学研究も続けた。ボウルビィは当時の精神分析学内の政治的なやりとりや論争に非常に興味を引かれるようになった。彼はメラニー・クラインが乳児の空想生活や内的損傷に焦点を当てることを例に挙げ、精神分析学は内的機能に集中しすぎているという立場をとった。ボウルビィにとってそのような観点の採用は、外界の脅威とその脅威に対する人間の反応という見解を著しく軽視することだった。また彼は、フロイトの性に関する考え方に反論し、自己保存がそれと同じく、あるいはそれ以上に重要であるという立場を維持した（Bowlby, 1971, 1975, 1998）。ボウルビィの関心は、精神分析学的思考を進化生物学だけでなく比較行動学と結びつけることにあった。彼は、種の保存と自然がそれを準備する方法に深く興味をもっていた。本来、母と子の絆の機能は種がその保全を維持する媒体であった。彼の立場は、依存性は成長とともに失われるような性質のものではなく、人間の本質に必要不可欠な部分である、というものだった（Bowlby, 1979）。1953年にボウルビィが出版した『子どものケアと愛の成長 *Child Care and the Growth of Love*』は10カ国語に翻訳され、瞬く間にベストセラーとなった。彼のアイディアは心理療法家の相談室を超えて世界に広まった。

　精神分析学の内部では、ボウルビィの愛着理論について論争が続いた（ある程度は今も続いている）が（Holmes, 1993; Fonagy, 2001）、ここでは現在の神経科学の発展をふまえて再検討されたいくつかの重要なアイディアを紹介す

る。一つ目は、これが最も重要と思われるが、発達における二者の視点を強調したことであり、この視点は一者心理学と二者心理学の間に緊張と相互交流をもたらした。二つ目は、ゴムバンドのアイディアに基づく空間理論——「離れるほど引っ張る力が強まる」である。発達途上の子どもにとって重要な、さらに大人にとっても重要な「安全基地 secure base」へのアクセスは、ボウルビィの研究がもたらした重要な概念である。そして三つ目は、発達に必要不可欠な望ましい愛着の対象者がそばにいること（近接性 proximity）の重要性を強調したことである。

　ボウルビィは愛着パターンの発達に三つの段階を設けた。まず生後6か月間の焦点は、乳児が自分自身を世界に適応させるための認識パターンの発達である。生後6か月から3歳までの焦点は、愛着システムと望ましい愛着人物の「ほどよい近さ close enoughness」を評価するフィードバックメカニズムの発達である。3歳以降の焦点は、内的作業モデルに基づく互恵的関係の発達である。内的作業モデルは、内在化された「イメージ picture」または「図式 schema」として機能する。つまり、親密な関係において世界がどのように機能するのかをガイドするテンプレートとして働くのである。この内的作業モデルは、子どもと主たる養育者の間に途切れることなくエナクトされ[04]そして再エナクトされる相互交流のパターンとして生後1年間に発達するとされた。このモデルは当初は可塑的なものと考えられていたが、ボウルビィは時間とともに次第に安定するものであることを示唆していた。

　ボウルビィの着想は、まずメアリー・エインスワースによって（Ainsworth et al., 1978）、その後はメアリー・メインとジュディス・ソロモンによって（Main, 1995; Main and Solomon, 1986）発展していった。エインスワースはボウルビィの発達に関する考え方について彼に協力し、母子相互作用の性質を評価するためにデザインされた研究プロジェクトの立案に尽力した。彼女は子どもの愛着システムを活性化する方法として「ストレンジシチュエーション（新奇場面）法」の手続きを設定し、この研究の結果「安定型」「回避型」「抵抗／両価型」の三つの愛着スタイルを特定した。四つ目の愛着スタイルは「混乱型」で、これはメインとソロモン（Main and Solomon, 1986, 1990）によって後に追加された。乳児とその主たる養育者間の相互作用のあらゆる

04「エナクトメント enactment」は関係精神分析の重要な概念のひとつで「無意識的に行動や言葉に表現されてしまうこと」を言う。ポイント63、92に詳しい解説があるので参照されたい。

可能性を分割して厳密にカテゴリー化することなどできそうにないのは明らかであるが、それでもこの研究は、実践家が直面する臨床課題と関連する可能性がある異なる相互作用の「スタイル」について、研究に基づく重要なエビデンスを生み出した。この研究のさらなる仕上げは成人愛着に焦点を当てる形で結実した。そのなかでメイン（Main, 1993）は、成人に幼少期の家族内の経験を話してもらえば、その語りを初期の研究で母と乳児に行ったストレンジシチュエーション法の結果と関連づけられるかもしれないことを発見した。この研究は愛着に関する成人の心の状態を解明するために作成された成人愛着面接（AAI）の開発につながった。AAI では四つの「心の状態」は次のように特定された。すなわち「安定／自律型」「愛着軽視型」「とらわれ型」「未解決型」である。この研究はまた、胎児の愛着スタイルも成人の愛着スタイルの評価によって予測できる可能性があるという認識につながった（George and Main, 1996）。愛着研究は非常に広範囲の応用につながり現在に至っている（Steele and Steele, 2008）。

22

愛着の世代間パターン

　ボウルビィは、子どもが世界に対処する方法は親の方法、とりわけ母親が幼少期の経験に対処した方法と多くの点で関連づけられるという事実に気がついていた。成人愛着面接（AAI）に関連する研究は、母親とその乳児の愛着スタイルの間の明確な関連を示している。つまり、不安定な愛着の母親の子は同様に不安定な愛着となる傾向がある（Main and Goldwyn, 1984）。この考え方は、動物の研究によっても裏づけられている（Francis et al., 1999）。ショア（Schore, 2003a）は、この現象を神経科学の用語で次のように述べている。「愛着関連の精神病理は次のように表現される。それは社会的・行動的・生物学的機能の調節不全であり、未発達の前頭辺縁系コントロールシステムと非効率的な右半球に関係している」(p.66)。これまで私たちが脳機能の発達の概要を述べ、それが臨界期における二者間の交流に依存していることについても触れてきたことを考え合わせると、ショアが述べていることはさほど驚くべきことではない。もし乳児が繊細に調律された方法で応答できない母親に依存していれば、そしてそれが発達の初期の重要な期間に継続したならば、その乳児は将来深刻なリスクを負う。というのも、生まれてくる彼ら自身の子どもに適切で繊細な反応を提供する神経経路を築くことができなくなるからである（Strathearn, 2007）。実際にこういった母親たちは子ども時代にしばしば深刻な剥奪に苦しんでおり（Famularo et al., 1992）、その剥奪は彼女たちにストレス対処能力の低下をもたらしている（Post et al., 1994）。フォナギーらの研究は心的表象とリフレクティヴ機能に焦点を当てているが、この重大な世代間の影響も強調している（Fonagy et al., 1991, 1993）。このようなパターンが存在する場合には、治療セッティングにおいて母親と子どもに二人一組として働きかけることが重要になるだろう。

23

乳児の観察研究
スターンらの研究

　ダニエル・スターンの研究は、発達理論への取り組みに重要な変化をもたらした (Stern, 1985a, 2003)。彼は、発達理論が生後間もない時期に理論的な焦点を合わせることや、発達理論がセラピーにおいてリアルな人間を扱う際には思弁的で不明瞭な役割しか果たさないことの矛盾に特に興味をもつようになった。また彼は初期の段階モデル（フロイトやマーラーなど）にも反論した。彼にはそれが、人工的に構築されたいささか直線的に過ぎる発達を捉えた視点に思えた。スターンは乳児について実験的に明らかにされたことと臨床的に構築されたこととの対話の発展に特に関心があった。したがって、彼の強調点は乳幼児観察研究の臨床的な思索への貢献に置かれた。この「被観察乳児 the observed infant」と「臨床乳児 the clinical infant」の区別は、スターンの研究においてきわめて重要である。前者は自然な状態や実験用に設定された状態での直接観察と関わり、後者は記憶に基づく再構成、転移による再エナクトメントと解釈、そしてそれぞれ異なる漠然と感じる生活史 felt-life-histories と関係している。ボウルビィの主な焦点は母親と子どもの二者関係であったが、スターンの焦点はより子ども自身、特に乳児の主観的体験を解きほぐし、理路整然と説明することにあった。このテーマは「乳児の社会生活における主観的体験についての作業仮説」(Stern, 1985b: 4) に記されている。
　スターンの研究における革新的な発想の鍵は、彼の関心が病理形態的なアプローチではなく規範的なアプローチだったことである。乳児は、後に何らかの病理へと至る可能性から観察されるのではなく、あらゆる形態のあらゆる種類の行動を示すものとして観察される。その点において、彼のアプローチは回顧的 retrospective というよりは展望的 prospective である。スターンは乳児の広範囲にわたる研究に基づき、生後 2〜3 年に現れるいくつかの異なる自己の感覚を強調した発達モデルを提案した。スターンは『乳児の対人世界 *The Interpersonal World of the Infant*』の初版（1985b）のなか

で、四つの自己感を提唱している。生後2カ月の間にできてくる新生自己感 the emergent self、およそ2か月から9か月に始まる中核自己感 the core self、およそ9か月から15か月に出てくる主観的自己感 the subjective self、生後15か月以降に形成される言語自己感 the verbal self である。四つの自己感はそれぞれ、発達は常に文脈依存的であるという認識のもとに、スターンが「関係性の領域」と呼ぶものと関連づけられている。1998年に出版された第二版においてスターンはさらに自己感を追加し、それを物語自己感 the narrative self と呼んだ。彼はこの自己感を今後の臨床的課題の鍵と見なした。

スターンの乳児とその主たる養育者に関する研究の最先端にあるさらなる概念は「情動調律 affect attunement」である（Stern, 1985a）。情動調律は生後9か月から15か月頃の、主観的自己感が発達する特に重要な期間に現れる。それは行動の新たなカテゴリーであり、そこで乳児は自分は心をもっており、他者は自分とは違う心をもっていることを発見する。特に複雑な間主観性は、乳児が自分自身の精神状態を占有したり、他者にもそれを帰属させたりといったその両方ができるようになったときに可能となる。乳幼児とその主たる養育者との間の調律と調律の失敗に関する研究は、心理療法と重要な類似点をもっている。これらの状態のマネジメントは、治療プロセスが成功する際の重要な要因となる。乳幼児研究のこの領域はまた、前述した感情神経科学の研究との類似点をもっている。

スターンの研究は乳幼児研究への関心を大いに盛り上げてきたし、心理療法のプロセスが乳幼児研究を参照する際の不可欠な要素となっている。トレヴァーセン（Trevarthen, 1989, 2001）は、ごく幼い年齢から間主観的世界に参入して親密な関わりを模索する乳児の能力に注目して、乳児の関係交流の性質が本質的に社会的であることを強調している。トレヴァーセンの調査研究とその関連ビデオ映像はこの能力を非常に明確に浮き彫りにしており、成人のメンタルヘルスに関しても母子の二者関係との関連にもっぱら焦点を当てた論点を提起している。ビービーとラックマン（Beebe and Lachmann, 2002）やビービーら（Beebe et al., 2005）は、これらの研究を成人の心理療法的な治療にも結びつけながら乳幼児研究の優れた概説を行っている。関連文献に基づきつつより個人的な見解はレディからもなされている（Reddy, 2008）。これらのアプローチは全体として本書で概説する統合的アプローチと特に関連しており、重要な研究に基づきつつ、セラピストとクライエントのヒューマニスティックで発達志向の関係交流を支持するものである。

24

ウィニコットと
普通の「ほどよい」母親

　英国対象関係学派の中心人物であるドナルド・ウィニコット（Donald Winnicott, 1896-1971）は、乳児と環境の結びつきを重視した。彼は「理論」ではなく一連の重要なアイディアを提供した。しかしそのおかげで、私たちは統合的心理療法に特に関連するいくつかの重要な概念に注目することができた。ウィニコットはスターンと同様に「患者」の正常性を強調した。患者は世界を独特に解釈する人であり、病理的と見なさずむしろ理解されるべきと考えた（Newman, 1995）。彼はまた「発達促進的環境 facilitating environment」の重要性、遊びと創造性、本当の自己と偽りの自己との違い、移行現象の複雑さを強調した。

　「ほどよい good enough」母親のアイディアは、彼の著書『子どもと家族とまわりの世界 The Child, the Family, and the Outside World』（1964）を通して広く社会意識に組み込まれ、母親は完璧である必要はないという安心感を新米の母親たちにもたらした。しかしながら、ウィニコットの「ほどよい」というアイディアは、彼のあらゆる臨床的なアイディアと同様に多くの興味深い複雑さをももたらした。乳児にとっての「ほどよい」保護とは、第一に保護的なホールディング holding（抱くこと）を示しており、それはウィニコットの言う未統合な状態に乳児がとどまる必要があることを示す概念で、それが欠如すると乳児は防衛的に自分をホールディングするようになってしまう（Winnicott, 1988）。赤ちゃんのハンドリング handling（あやすこと）もまた「ほどよさ」を達成する点から重要であると見なされていた。彼の見解では、長期間一人ぼっちにされた赤ちゃんは身体と同一化するよりも精神 mind と同一化しがちであり、これが原初的な分割 splitting の形態となる。また、赤ちゃんが世界への信頼を築くことができるように外的世界を提示する必要がある。ウィニコットの見解では、「ほどよさ」の達成の失敗は「原初的な苦悶」の経験と「深い孤立感」に結びつくと考えられている。これらの着想

統合的心理療法　100のポイントと技法

054

は、子どもであれ大人であれ精神病や境界性の患者たちへの特別な共感を
ウィニコットにもたらした。彼は患者たちを絶対的依存段階の赤ちゃんと考
えることで、臨床実践における退行のマネジメントを提案した。しかしなが
ら、ウィニコットは明確に述べている。精神病的な不安の脅威のもとでは
問題の分析を必要としない。必要なのは、「ほどよい」母親が自分たちの赤
ちゃんに自然に行っている繊細に関与しつつも感情に流されないケアである
(Winnicott, 1965/1990)。セラピーにおいて患者が望むことは、本物の人 real
person としてのセラピストと出会うことである。「私たち全員がセラピーの
なかで人になることができれば、セラピーははるかに興味深くやりがいのあ
るものとなる」(Winnicott, 1965/2006: 155)。

25

感情調節障害と成人の病理
ショアの研究

　アラン・ショアは、発達と感情の神経科学の知見への貢献者として有名であり、前述のように、人間の発達と心理療法への反応のいずれもが幼い頃の調節不全体験と重大な関わりがあるとする統合的な観点に、大きく寄与した人物である（Schore, 2003a, 2003c）。ショアは広範囲の研究をもとに、発達初期の関係体験、例えばその後の人生で深刻な問題を抱える原因となる虐待、トラウマ、不適切な養育、ネグレクトなどの体験がどれほどの影響を及ぼすかを強調した。彼は、非常に幼い子どもたちが極端な暴力行為におよぶなど（例えば Karr-Morse and Wiley, 1997）、幼少期の体験が意味するものに私たちの注意を釘づけにするような文献を引用する。ショアは自律神経系（ANS）の極度の興奮の影響を強調し、特に交感神経系（SNS）に注目する。ANS の過剰あるいは過少な刺激によって耐性の窓を超え出ることの影響についてはすでに紹介したが、ショアが述べているのは調節不全の観点から「逃走」反応と「闘争」反応を区別することである。「闘争」反応は、もし一貫して調節されない状態が続けば、後の反社会性もしくは境界性に類する障害の素因となる攻撃性コントロールの障害につながる可能性がある。この問題には、ANS 反応よりもさらに進んで明らかに環境的・社会的基盤がある。その意味で、世代間のパターンもまたそのような環境のなかで展開するのである。

　ショアはそのような展開の軌道を阻む早期介入の重要性を主張する一方で、成人との治療的取り組みもまた重要であるとしている。例えばベイトマンとフォナギー（Bateman and Fonagy, 2006）は、境界性パーソナリティ障害の診断につながる重篤な混乱型の愛着や調節不全体験の歴史をもつ成人との治療の可能性だけでなく、その難しさについても述べている。彼らは、このような説明はセラピストに難問を突きつけると指摘する。というのも、探索的な心理療法のアプローチは患者の感情をさらに調節不全にするだけとなるかもしれないからである。彼らは、セラピストとの現在の関係における患者のリ

フレクティヴ機能を高め促進するようにデザインされた、メンタライゼーションに基づく治療を提案している。

26

早期の関係トラウマとその影響

　トラウマは、極度の恐怖と無力感、コントロールの喪失、自分がなくなってしまう恐怖によって特徴づけられる状態と定義することができる。こういった条件下では、人類はその生存システムが活性化され、それは神経生理学的プロセスの連鎖によって支えられている。「闘争」「逃走」「凍結」の反応は基本的な選択肢である。トラウマは、人生のどこかの時点で起きた特定の破局的な出来事とつながりがある場合もあれば、現在進行中の侵襲的な出来事や幼少期の経験や愛着の困難に関係している場合もある。最近の感情神経科学の研究では、人の愛着の履歴が後のトラウマに対処する能力に影響を与えることが実証されている（Schore, 1994; Siegel, 1999）。また安定型の愛着パターン（ストレンジシチュエーション法により生後 12 か月の時点で観察される）（Ainsworth et al., 1978）は、ストレスとコルチゾールの上昇に対する緩衝材として機能するということが研究によって示されている（Schore, 1994）。

　特に重要なのは、早期のトラウマ的な愛着体験が右半球の発達に否定的な影響を及ぼすことである。右半球は、心的外傷後ストレス障害（PTSD）の特徴である覚醒調節不全の中心となる部分である。非応答的な、あるいは調律に失敗する養育者との早期の相互作用は、乳児にトラウマ状態を引き起こす。これらの経験の影響は、潜在記憶／手続き記憶のシステムに貯蔵される。愛着関係は、乳児の右半球にストレス対処システムを直接形成するのである。「治癒するためにはつながりを感じる必要があるが、関係のなかでは恐怖と調節不全が引き起こされるので、恐ろしすぎて人を信頼することができず、身動きがとれない。この〈キャッチ＝22 の循環〉[05] は、人々を〈孤独

---

05 ジョーゼフ・ヘラー（Joseph Heller）の小説『キャッチ＝22』から。Catch-22 はアメリカ空軍パイロットに対する軍務規則の条項名で、主人公は、「精神障害を理由に除隊を申し出ると、〈自分で自分のことを精神障害と判断できるということは精神障害ではない〉と判断されて除隊を認めてもらえない」というジレンマに悩む。

感＞接近＞恐怖＞回避＞孤独感〉という一定のサイクルに陥れる」（Cozolino, 2006:230）。子ども時代のトラウマは、潜在記憶のなかで展開する経験や発達パターンにつながる。その潜在記憶には、損傷を受け、一貫した方法で統合されずにいる神経発達や神経統合が含まれている（Cozolino, 2006）。愛着の能力や環境にうまく適応する能力は、衝動や情動を調節する能力に依存する。社会的コミュニケーションにおける神経回路網の構築は、調節を管理するネットワークを形成する。このプロセスを支えるために、乳児には主たる養育者との間で情緒を刺激するコミュニケーションが必要なのである。

PART3 幼少期からの関係の重要性

27

生涯にわたる
自己調節と相互作用的調節

　私たちは、関連する研究や発達領域の文献を引用しながら、幼少期の経験が人の発達や人の関係的・社会的環境において果たす重要な役割を強調してきた。しかしながら、ボウルビイから後の研究者は、私たちの発達の継続的な性質や、生涯におけるさまざまな経験を通して出現するそのあり方をもまた強調している。関係交流における早期の深刻な欠損やそれと関連する調節能力は、極端に深く染み込んでいて変えることは困難かもしれないが、私たちはここで脳の潜在的な可塑性、生涯を通じて継続する愛着の重要性、そして脳の代替経路を創り出す能力を思い出す必要がある。これが行動的な事象や環境的な事象を関連づけ、別の経験と新たな可能性を供給するよう作用する。子ども時代に発達した自己調節のプロセスは完全に固定されたものではないのである。

統合的心理療法 100のポイントと技法

PART4
自己の発達の諸次元

28

関係性のなかで共同創造される自己

　関係性のなかで共同創造される自己への関心は、ゲシュタルトアプローチや実存的アプローチにおいて常に中心となってきた。「個人の人間性は他者との対話的な関係のなかでのみ明らかになる」(Hycner and Jacobs, 1995:53)のである。スピネッリ（Spinelli, 2007）はさらに、実存的心理療法は「あらゆる主観的な体験の相互関係的な基礎」である「関係すること relatedness の原理」を用いていると強調する（p.75）。このテーマに関する多くの文献を引きながら、フォナギーらは精神分析的な発達の観点から次のように結論づけている。「自己は他者との文脈においてのみ存在する。つまり自己の発達とは関係性における自己体験の集合と同等であることが広く合意されている」(Fonagy et al., 2002, p.40)。この意味において、私たちは常に自己感を他者との関係のなかで創造し、発達させているのである。そしてそれは、ときを越えて続くより恒久的な自己の特徴の基礎となるのである。自己感は人生の初期の頃は養育者との、後には仲間や重要な大人（セラピストを含む）との多様な相互作用を通して関係性のなかで発達する。私たちの仕事の中心的なテーマとして、心理療法のプロセスに関する以下の定式が引き出される──「弁証法的−精神内界的な素材を見つめ、その葛藤を受容し探索していくことには常に緊張が伴うが、にもかかわらずこの側面を他者や世界一般との対話的−対人関係的な関係性へと常に高めようと試みること」(Hycner, 1993)。この意味で、内的な体験と外的な体験は密接に相互関連しており、共に存在しているのである。

　自己心理学の創始者であるハインツ・コフートは、「自己」の概念を「上位概念」すなわち「経験的理解を越え、部分の総和を越えて構成されており、空間的凝集性と時間的連続性を有するものである」(Lee and Martin, 1991:180)と見なしていた。この意味では、体験を組織化し、連続して存在している感覚を与えてくれるものが自己である。私たちは自己組織の創造を関係の場に

おいて常に新たに作りかえられていくプロセスと見なしているが、自己は、遺伝構造、パーソナリティスタイル、習慣、埋め込まれた信念のような永続的な特徴と、家族、社会、文化の影響から引き出される体験構成の方法を包含してもいる。このプロセスは PART 3 の幼児と発達の箇所で詳しく述べてきた。

　一元的な自己感 a unitary sense of self という考えは、何人かの権威によって異議を唱えられてきた。「実際のところ、子どもの発達の研究は、一元的で連続した〈自己〉という理念は、実は私たちの心が作り出そうとした幻想であるということを示唆して」(Siegel, 1999: 229) おり、さまざまな社会的な状況に適応するために多くの異なる役割を果たすことを求められた子どもが、外的な変化や多様で矛盾した要求に直面した際にそのような自己がつくりだされ、それが安心感を与えるのである、といった異議である。この現象を見出す方法のいくつかは文献に見つけることができる。サイコシンセシスの「サブパーソナリティ」(Whitmore, 2000)、交流分析（TA）の「自我状態 ego states」(Berne, 1972)、ゲシュタルト心理学の「自己の多重性 multiplicity of selves」(Polster, 1995)、認知分析療法の「相互的役割 reciprocal roles」(Ryle, 1990) といったものである。多重自己状態 multiple self states という概念は、しかしながら中心的な自己感があるという視点を相伴っている。これは、「本当の自己」(1950 年代のウィニコット／ Winnicott et al., 1989) とか「大人の自我状態 adult ego states」(Berne, 1972) とか「現実自己 real self」(Masterson, 1985) と呼ばれている。

　心理療法的な関係では、二人の人間が生育史や現在の文脈において埋め込まれた内的な体験をその出会いに持ち込む。間主観性理論の言葉では、「互恵的な相互交流の連続的な流れのなかで」(Stolorow and Atwood, 1992) [01] 関わり合うのである。パーソンセンタードの観点でも似たような意見が述べられている。「深い関係で出会うためには、セラピストは、ユニークで誠実なあるがままの人間存在、すなわちクライエントが相互作用できるような、しっかりとした拠りどころとなる他者性を備えている必要がある」(Mearns and Cooper, 2005)。内的世界の自己－他者表象は、新たな治癒的体験の機会となる治療関係の文脈のなかで、働きかけられるべき素材の構成要素となる

---

01 オレンジ、アトウッド、ストロロウ（丸田俊彦／丸田郁子訳）『間主観的な治療の進め方』(1999) の訳を参考にした。

063

のである。ボストン変化プロセス研究会（Boston Change Process Study Group, 2008:125）は、二者間のどんな相互作用プロセスにおいても「暗黙的領域とリフレクティヴ－言語的領域 the implicit and the reflective-verbal domains」の双方が重要であることを強調している。この治癒や変化のプロセスは、明示された意識的・言語的レベルと暗黙的な非－意識的・非－言語的レベルの双方で起こり、他者や世界との関係における自己体験の変化を引き起こすのである。

29

自己体験のさまざまな次元

　統合的な枠組みでは、関係性のなかにおける自己 self-in-relationship の複数の異なる次元に関心を注いでいる。ある時間やある文脈では、ある特定の次元の自己が、別の時間や別の文脈においてよりもその人の経験のなかでより強調されるだろう。自己体験の諸次元は、必然的に互いに関係しあっていて、自己体験の全体性に対して共に貢献している。ひとつの次元の問題や欠点は、必然的に他の次元に影響を与えるだろう。そして、私たちもまた過去の人間関係や家族、文化的体験から、あるひとつの次元により興味を向けるだろう。さまざまな自己体験の次元は、私たちが外的世界と接触するとき、内的世界における自己過程 self processes を探索し、理解し、取り扱う基礎として役に立つ。しかし重要なのは、自己体験の諸次元の間には密接な関連性があることを重視することである。

PART4　自己の発達の諸次元

30

生物学的な次元
自己と身体の関係

　クリューガー（Krueger, 1989）は、「身体自己 the body self」という言葉を使って、身体化された自己体験 experience of embodied self について述べている。そこには内的および外的な身体的側面や身体過程 bodily process に関するあらゆる運動感覚的な体験が含まれる。安定した愛着体験からは、自分自身の身体がしっくりくるとか、自分の肌を心地よいと感じるといった確かな感覚が生じるだろう。身体自己の発達は、他者（母親）[02] と子どもとの間の繊細な調律のプロセスによってかなり決まってくる。子どもの身体に触れたり、なでたり、あやしたりすることを通して、母親は子どもに感覚レベルで身体的な自己感覚やその境界の感覚を伝える。この体験は、身体イメージの基礎として子どもに内在化される。「私たちの自己は、何よりもまず、他者によってあやされて抱えられた体験としての身体自己なのである。言い換えれば、自己は何よりもまず関係性のなかにある身体自己 body-in-relation-self なのである」（Aron and Sommer-Anderson, 1998: 20）。私たちは、赤ちゃんのときにあやされて応答してもらったその仕方を内在化する。それは、世界のなかでの身体的な自己体験や身体化された自己感を与えてくれる。

　しかし、この調律が伝えられるのは身体的な接触を通してだけではない。スターンが他者（母親）の「生気情動 vitality affects」と述べたもの、感覚的な応答の質、発話のトーンや強さ、接触の確かさ、声の音色を通しても伝えられる。生気情動は、「どのように母親が赤ちゃんを抱き上げるか、おむつをあてるか、自分の髪や赤ちゃんの髪を梳かすか、哺乳瓶に手を伸ばすか、自分のブラウスのボタンをはずすか」[03] といったことによって伝達され

02　原文では "(m)other" と表記されているため、本書では他者（母親）と表記した。
03　スターン（小此木啓吾・丸田俊彦監訳）『乳児の対人世界──理論編』（1989）の訳を参考にした。

る（Stern, 1985a: 54）。子どもは、幼い頃のあやされ方を通して愛情あるいは愛情の欠如を感じ、そして「身体イメージ」がこの相互作用のプロセスを通して作られるのである。ボストン変化プロセス研究会のメンバーは、暗黙的領域とリフレクティヴ−言語的領域における関係性の意味の形成に関する議論のなかで、次のように述べている。「私たちは、あたかも他者が、自分同様、身体化された心の持ち主であって、多様な表出や読み取りが可能な意図をもっているかのように考えて行動する」[04]（Boston Change Process Study Group, 2008: 145）。親自身が自分の基本的な身体過程を恥ずかしく思っていたら、彼女はこの恥ずかしさをあやしながら赤ちゃんに伝えるかもしれない。「もしも刺激が過剰、もしくは過少であったならば、身体自己が歪み始めたり、形成されなくなっていったりするだろう、そして後年には、自己愛の障害が生じるだろう」（Krueger, 1989: 6）。もし、恥が基本的な身体過程と関連しているとしたら、自己の発達の他の側面にも影響が及ぶだろう。そして、情動、認知、感覚体験の有効な統合を妨げることになるだろう。

　身体の動きや表現、身体過程への態度をアセスメントするときに重要なのは、子どもの頃に育てられた文化や文脈を考慮に入れることである。自分たちの文化とは異なる反応は容易に病理と見なされてしまう。例えば、身体接触が頻繁な文化から身体接触に慎重な文化に来た人は、その馴れ馴れしさを他者の空間を尊重し配慮する機能が損なわれている証拠とみなされてしまいがちである。

---

04 ボストン変化プロセス研究会（丸田俊彦訳）『解釈を超えて』（2011）の訳を参照・引用した。

31

精神内界的な次元
自己と自己の関係

　精神内界的な次元において、私たちは主体としての自己と客体としての自己の関係に焦点を当てる。主体としての自己とは「I」のことであり、「Me」を観察し、組織化し、構成する。「Me」は自己概念であり、I が操作する自分自身の心的表象であり、他の客体のなかのひとつの客体として自分を見ることである（Fonagy et al., 2002）。アロン（Aron, 1998/2000:5）は「I」について、「知る者としての自己 self-as-knower」として、主体や行為者としての自己として言及する。ここで彼は「Me」と対比しているのであり、「Me」については「自己観察か他者からのフィードバックを通してしか知ることのできない自分自身のことであり（…）自己のより客観的な側面である」(p.5)と述べている。心理学の文献の多くは、他者の中で自分をどう認識しているか、Me の自己概念など、客体としての自己に焦点を当て、知るものとしての自己、体験の主体であり体験の組織者である自己にはあまり注意がはらわれてこなかった。フォナギーら（Fonagy et al., 2002）が重要な発達上の里程標と考えたのは、子どもが「心の理論 a theory of mind」を発達させるときである。つまり、自分とは異なる思考、フィーリング、意図などをもった他者の「私（I）」との関連において「私（I）」であるという感覚、リフレクティヴ機能やメンタライゼーション・プロセスを支えるプロセスを発達させるときである。

　アロン（Aron, 1998/2000）もフォナギーら（Fonagy et al., 2002）も、自己を構成する中心にあるリフレクティヴ機能の重要性に関心を注いでいる。アロンは、自己再帰性 self-reflexivity を「自分自身を主体としても客体としても体験し、観察し、リフレクトする能力」(Aron, 1998/2000:3)であると述べる。彼は自分自身を主体としても客体としても体験するこの弁証法的なプロセスを、認知的にも感情的にも統合されたひとつのプロセスであるとみている。有効に機能している場合、人は主体としての自己と客体としての自己という

この二つの極の間で滑らかに対話することができ、一方から他方に継ぎ目なく移行することができる。これこそが共感の本質であり、自分自身をバランスよく他者との関係において見ることができる能力である。病理とは、この二つの極を抱えることができず、二つの極の間の緊張状態を維持することができない状態、すなわちリフレクティヴ機能が欠如した状態であるとみなされる。人はどちらかの極の一方にとどまり、心のなかに他方の極を抱えることに困難を体験する。例えば「Ｉ」の極が過度に強調されて主体としての自己にあまりにも関心が注がれてしまい、自分自身を他者のなかの対象（客体）として見ることがほとんどできなくなってしまう。そして、自己に没頭した状態に陥ってしまい、他者に与える影響について気づかなくなり、他者の要求を無視するようになってしまう。「Ｍe」の極を過度に強調されると、自己感がほとんどもてなくなってしまい、他者たちの世界を漂っているように感じ、対象の世界のありふれた対象のひとつのように感じ、環境に支配されたように感じ、自分自身のニーズをもつ権利などないように感じる。このことは抑うつを引き起こし、何もかも無益であるという感覚を生みだす。健康的に機能していれば、人は二つの極を抱えることができ、自分には価値があるという感覚も自分は行為者であるという感覚も持ち続けることができ、他者たちの間での自己感や他者の世界の一部であるという感覚を体験することができる。オグデン（Ogden, T. H., 1999）は、「Ｉ」によってつくりだされたメタファーの使用が「Ｍe」を自己として体験する能力をいかに高めるかを指摘する。「私は自分の運命の建築家である」「私は人生の景観の汚点である」「私は変人である」といったメタファーの影響を、「人生のステージにはたくさんの役者がいる。私は仲間の役者とともに充分にそこに参加しようと思う」「私は、私が出会うすべてのものの一部である」というメタファーと対比させて考えてみよう。私たちはしばしばセラピーのなかで、クライエントによって持ちこまれたり、クライエントが世界において体験の本質を要約したりするこのようなメタファーを使って作業をするのである。

　対象関係論は、対人関係を内在化してそれを記憶に残すプロセスを扱う。私たちは内的世界に幼少時の重要な他者を取り入れている。その他者は精神生活において内的対象として歩み続けていて、私たちに強い影響を与えている。このプロセスは精神内対話の素材を提供してくれる。この点では、交流分析（TA）の「親、大人、子ども」の自我状態の概念がとりわけ役に立つ（Berne, 1961）。親とは、人生の初期に影響のあった内在化された人物を

表している。親の自我状態に腰を掛けていると、他者と交流するとき、無意識に両親のうちの一人のような行動や口ぶりになったりする。かつての自己体験の一部である表現様式に退行しているときは、すなわち子どもの自我状態にいることになる。このようなことは意識されることなく起こるだろうし、現状に対して適切な反応を起こすこともあれば適切でない反応を起こすこともある。もし、強制的にトラウマを負った子どもの自我状態に戻されれば、私たちは現在の状況の感覚をすべて失ってしまい、内的世界にとらえられ、フォナギーら（Fonagy et al., 2004）が「心的等価 psychic equivalence」[05] と名づけたプロセスに陥ってしまうだろう。大人の自我状態は、参与者の位置から、つまり上述した「I」の位置から、他者に対して現在の状況に適した反応をする能力のことであり、今ここでの体験に反応する能力である。自己概念や他の対象概念は、TA の自我状態の観点から考えると、私たちが心のなかで異なる自我状態や異なる心の状態の間で会話するとき、精神内的対話を理解するのに役立つだけでなく、他者との相互作用を分析する方法も提供してくれる。内的な対話と世界との外的な相互作用には、常に密接な関連があると私たちは信じており、人々も日常生活のなかでそのことに多かれ少なかれ気がついているのである。

05 心的等価についてはポイント 37 で詳述されている。

32

対人関係と間主観性の次元
自己と他者の関係

　二人の人間は、「互恵的な相互交流の連続的な流れのなかで」[06]（Stolorow and Atwood, 1992:18）生育史や現在の文脈のなかに深く留められている内的体験を出会いに持ち込む。このような人間関係のモデルにおいては、個人の現実は常に、各人が出会いに持ち込んだ関係性や固有の意味によって、さらに参与者の間で相互に構成された意味によって共同決定される co-determined ものと考える。このことは、心理療法の関係も含めたあらゆる人間関係において真実であろう。

　フォナギーら（Fonagy et al., 2004）によって概略が述べられたリフレクティヴ機能、つまり他者の心の状態をよく理解する能力は、他者との相互作用を構成的に実現する上で決定的に重要であると私たちは考える。他者の心を「読む」能力を発達させるなかで、子どもたちは自分が出会う人々の「信念、フィーリング、態度、欲望、希望、知識、想像、ふり、偽り、意図、計画」を理解できるようになる（Fonagy et al., 2002:24）。このメンタライゼーション能力の発達のなかで、他者を自分とは違う存在として体験する能力も発達する。自分とは違うものとして人々の心の状態を認識することは、対人関係の基礎を形作る内的な自他の心的表象の作成を助ける。病理が生じるのは、トラウマ体験や発達上の逸脱、感情の調節不全に侵されて、このリフレクティヴ機能がうまく働かないからである。心の状態を調節できないと、人は言葉で表現したり象徴化したりできないものをエナクトしてしまうようになる。あらゆる心理療法の中心的な目標は、リフレクティヴ機能を確立すること、もしくは修復することである。

　特徴的な愛着スタイル（Bowlby, 1988）やそこから発展する接触スタイル

---

06 オレンジ、アトウッド、ストロロウ（丸田俊彦／丸田郁子訳）『間主観的な治療の進め方』（1999）内の訳を参考にした。

(Wheeler, 1991) は、私たちが他者に接近し、取り巻く世界を解釈する特徴的な方法に影響を与えるだろう。私たちは、特定の方法で物事を見ようとする確立された一連の「オーガナイジング・プリンシプル organizing principles」[07] をもって新たな状況に臨む。しかし、このずらりと並んだ原理のなかのどの原理が体験を組織化するために必要とされるのかを決定するのは、特定の文脈や関係性なのである。「体験の組織化は、それゆえに、現存する原理と、それによってどれを選ぶかが変わってくる進行中の文脈とによって共同決定されると見なすことができる」(Stolorow and Atwood, 1992 : 24)。このプロセスに関するもうひとつの展望は、自我状態の観点からもたらされた。意識的に気づいている場合も気づいていない場合もあるが、対人関係的な出会いにおいて、私は親または大人あるいは子どもの自我状態であなたと交流する。私の自我状態は私自身の対人関係の歴史から作られたものであり、世界との相互作用のあり方を表していて、それは固定され硬直したものとなりうる。無意識に親あるいは子どもの自我状態に「滑り落ちる」と、対人的な出会いはうまくいかなくなりうる。それはバーン（Berne, 1961）が心理「ゲーム」と呼んだ状態であり、両者にとってネガティブな結果となるのはほぼ避けがたい。

---

07 クライエントの主観的体験世界を形成する原理を指す。間主観性アプローチでは、セラピストとの共同作業によってより柔軟なオーガナイジング・プリンシプルが展開していくとされる。

33

文化間の次元
文化、民族、より広い文脈

　民族、文化、文脈といった諸問題に対して高い感受性を保つことが、効果的で倫理的な心理療法にとって本質的であると私たちは考える。私たちはさらに、クライエントの個人的歴史とその拡大家族の歴史が面接室のなかに持ち込まれていることへの気づきをここに加えたい。多くのクライエントが世代を超えて受け継がれたトラウマや現在の対人関係に書きこまれた世代間の問題を背負って面接場面に現れ、それが世界との間で彼らが今このときをどのように経験するかの根幹となっているかもかもしれない（Rupert, 2008）。より広い水準では、私たちは心理療法の個人還元主義と心理学的還元主義に引き寄せられていることを自覚している。歴史的にみて、社会的なものを犠牲にして精神内界を過度に強調してきたのである。ヒューマニスティック心理学の興隆もまた、個人は自律した存在であり、歴史的、社会的、政治的な要因とは関係なく独立した選択ができるという神話を強調する個人還元主義によって駆り立てられてきた面がある。このような理想主義は、私たちの社会における貧困、教育の機会の欠如、階級闘争、構造的不平等といった抑圧の影響を考慮していない。多くの条件のもとでは個人の主体性を前提とすることはできない。さらに、ピルグリム（Pilgrim, 1997）が指摘するように、「心理療法的な出会いの場は、概して意図的にセラピストの陣地となっており、個人に関するあらゆる記述は、少なくとも空間的にはクライエントの日常の文脈から切り離されてきた」(pp.17-18)。彼はさらに続けて、心理療法の思索や実践の発展における重要な革新者たちは、フェミニスト批評家たちによって DWEMs（Dead White European Males）——故人・白人・ヨーロッパ人・男性！——と呼ばれてきたと指摘する。心理療法のさまざまな理論的オリエンテーションの主流となる文献において、民族や文化の問題が直接的には取り扱われてこなかったこともまた注目すべきである。これらの問題に払われるべき注意を払ってきたのは別の分野の批評家たちであった（例え

ば Lago, 1996; Littlewood and Lispedge, 1997; Kareem and Littlewood, 2000)。私たちの社会は多くの抑圧に満ちており、面接室でもそれは見つかる。人種、文化、民族、ジェンダー、性的指向、障害、年齢、社会階級、教育、宗教、アクセント、身体の大きさ、職業さえもその関連領域に含まれる。明らかに思えるのは、心理療法におけるどのケース素材の豊かで「厚い」記述（Geertz, 1975）にも、個人への視点と社会的／文脈的な視点の双方が含まれる必要があり、心理療法家がこの職業に潜む抑圧的な側面に挑むように自分たちの仕事を批判的に振り返ろうとする姿勢が必要であるということである（Dhillon-Stevens, 2005）。この姿勢には、クライエントとの関係について批判的に、かつ慎重に熟慮しようとする姿勢も含まれる。

34

トランスパーソナルの次元

　トランスパーソナルは非常に広範囲にわたる領域を意味し、本格的な研究や「エビデンス・ベイスド・プラクティス」の領域以外の神秘的な何かとして思い浮かべられることが多い。クライエントは何らかの断絶 disconnection の感覚を抱えて私たちのところを訪れ、心と身体と魂がばらばらになったありようのなかにこの感覚が映し出されていると私たち自身は考えている。このようなばらばらな状態に巻き込まれてしまっているからには、当然のこととして、人の経験のスピリチュアルな領域へのいささかの配慮を私たちは持たねばならないだろう。自我とそれに関連した自己愛的な希求によって支配された社会では、このような配慮はそれぞれが思う道を追求すればよいとか、「カルト的」と見なされる活動に任せておけばよいと思われがちである。しかしながら、理論的にも実践的にも、この領域をめぐって見るべき貢献を残してきた偉大な書き手たちは一人や二人ではない。彼らは私たちに、切り離された個人や自我主導の希求の向こう側を見通すように、そして私たちがより大きな何ものかの一部であることを考えてみるようにと迫る。

　ハイクナー（Hycner, 1993）は、社会が理性や分離性 separateness の発達を過度に強調することに対して批判的である。彼はこの強調がもつ壊れやすさという性質に注目し、この壊れやすさゆえにこういった幻想を持ち続けることに一貫して用心しなくてはならないと指摘している。彼は次のように述べている。

　　スピリチュアリティの抑圧もまた、極度に不安な社会、不安な個人をつくりだす。人々は、他者やより大きな現実感覚とのつながりの感覚から切り離されると、不安や空虚感を体験する。このような心理的な孤立は、満たされることを切望する虚無を生み出す。虚無はそれが欲するもので満たされないので、代用品を見つけなければならない。しかしその代

PART4　自己の発達の諸次元

用品も——お金、麻薬、セックス、テレビでさえ——さらなる切望を生み出すだけである。(p.85)

　トランスパーソナル心理療法に関する文献のなかには複数の異なるアプローチが見られるが、それらの多くはローワン（Rowan, 2005）によって便利にまとめられている。ローワンは「トランスパーソナル」という言葉を用いた最初の人物としてカール・ユングに注目し、次のように指摘する。「彼は、これまで締め出されてきた常軌を逸した体験や不気味な体験の全領域を……尊重すべきとした」(p.29)。サイコシンセシスと呼ばれるアサジオリの心理療法システムは、明らかに高次の意識要素を含み、トランスパーソナルの受容を心理療法トレーニングの中核に据えている（Assagioli, 1975）。統合的な立場と関連するその他の領域では、ジーン・ヒューストンの神聖心理学 sacred psychology（Houston, 1982）、ミルトン・エリクソンなどの催眠の理論（Rosen, 1982）、トランスパーソナル心理学を心理学的思索の主流へと導入する発端となったマズロー（Maslow, 1987）などのヒューマニスティックの伝統、そしてより最近では、ケン・ウィルバー（Wilber, 2006）がいる。トランスパーソナルな感覚を個人がどう獲得するかに関心を向けるアプローチもあれば、より明示的な形で関係性の領域に焦点を当てるアプローチもある。マルティン・ブーバーの仕事は後者の領分に属するものであって、トランスパーソナルなものをつながりの領域のなかに位置づけたこと、また「我－汝」関係や「我－それ」関係を強調したことにより、心理療法にとって特別に意味のある分野を表現するものとなっている（Buber, 1923/1996）。このような発想は、ハイクナー（Hycner, 1993）とその同僚によって発展させられた対話的心理療法 dialogical psychotherapy の領域に分類される。ハイクナーは、ブーバーの着想や「あいだ the between」の本質について考察し、「対人関係上の深い出会いの瞬間は、私たちを神聖なものの縁へと連れていく」(p.91)と述べている。心理療法的な出会いの全体は部分の総和より大きいというこの発想は重要であり、感情の交流と右脳半球の結合を神経科学用語で関連づけることができる。スミス（Smith, S., 2006）もまた、神経生物学的な研究とトランスパーソナルとのつながりに注目している。広い視点では、私たちの社会の多文化的な性質について省察することもできる。多くの文化では共同体から切り離された個人という観点からものを考えておらず、それがメンタルヘルスケアに重要な関わりがあることは紛れもない事実である。メンタル

ヘルスサービスが、スピリチュアルな領域との関連や重要性を考え始めたのはごく最近のことである（Copsey, 2006）。東洋思想と西洋思想の重要な側面を結びつける心理療法の文献にも、文化的な考えの統合が寄与している（Brazier, 1995; Epstein, 1995）。

35

内在化された関係地図
RIG、スキーマ、内的作業モデル

　私たちは重要な他者との関係を体験するとき、関係性の接続に関する記憶ネットワークに降りていく。このネットワークを「関係地図 relationship maps」と呼ぼう。中心的な関係性のパターンは、「中核的対人関係スキーマ core interpersonal schema」（Beitman, 1992:207）と呼ばれており、自己・他者・関係性の性質に関する特有の感情トーンを伴う信念のネットワークなどから成る。中核的対人関係スキーマの基本要素は、相互に関係しあう二つの人物像である。多くの場合、一方は支配的でもう一方は従属的である（Beitman, 1992:207）。中核的対人関係スキーマは、他者への期待と関連した人物としての自分自身に関する固有の見方から構成されている。類似の概念として認知分析療法のライル（Ryle, 1990）は、「相互的役割法 reciprocal role procedure」に関する議論で、対象関係論に基づく個人の内的世界における一連の役割を取り上げている。もうひとつの関連した概念は、交流分析の「ラケットシステム」（Erskine and Zalcman, 1979）であり、人が強迫的に行ってしまう反復的で機能不全的な相互作用のパターンに焦点を当てたものである。ラケットシステムの概念は三つの関連した互いに作用しあう領域から成る。一つ目は個人の内的な信念システムで、関連したフィーリングのトーンを伴う自己・他者・生活の質に関する固定した信念から成る。二つ目は行動の領域で、固定したパターンが関係性の世界においてしばしば反復的な形で実行される様式である。三つ目は人々が「収集」して蓄え、中核信念を「証明するために使用」する記憶の領域である。これは反復的な循環プロセスであり、人はこのサイクルに捕まると、このシステムを支持しないどんな情報も排除してしまうだろう。

　「ラケットシステム」や「中核的対人関係スキーマ」は子どもの頃の体験に基づいており、スターン（Stern, 1985b）の一般化された相互交流に関する表象 Representation of Interactions that have become Generalized（RIG）の概念

と似ていなくもない。一般化された表象は特定の記憶ではなく、類似した要素をもつたくさんの特定の記憶から抽象された抽出物である。「それは、出来事の辿りそうな過程に関する構造であり、通常の体験に基づいたものである。したがって、活動、フィーリング、感覚などに関する予測がそこから生まれてくるが、それは、当たることもあれば、はずれることもある」[08] (Stern, 1985b: 97)。このような RIG は、将来の人間関係の予測に影響を与えるが、もしもそれがトラウマ体験に基づいているならば、私たちの見通しに否定的な影響を与えるだろう。しかし幸運にも、信頼感や人間の強みや弱みの現実的な評価の基礎となる「平均的に期待される環境」(Winnicott, 1989: 195) で育ったなら、その人は人間関係のなかで自分のニーズを満たすのに十分役立つような RIG を発達させる可能性がより高くなるだろう。例えば、「多くの人々は基本的に信頼に足り、他者に寛容で、オープンである」といったようなものである。しかし、「想像もできないような不安な人生体験にまとわりつかれていて、信頼感の取り入れが不足している」(Winnicott, 1989: 196) 人々にとっては、このことによって関係性への期待が汚染される可能性がある。例えば、「恐ろしく、苦痛を伴う体験の後で、二度と誰も信頼しないと決心した」といったものである。中核的対人関係スキーマは個人の自己概念の中心に位置し、先に概説したあらゆる自己の次元に影響を与えている。これは治療関係のなかで、クライエントの自己や他者に関する恐れや期待の点で明確となるだろう。力がおよばないと感じ、監視下にあると感じるストレス下でこのようなパターンが活動し始める人が多い。しかし、より包括的な作用のもとにあり、他者との相互作用の大部分に影響がおよぶ人もいる。

---

08 スターン（小此木啓吾・丸田俊彦監訳）『乳児の対人世界―理論編』(1989) の訳を参考にした。

36

人生に意味を与える
ナラティヴの発達と心理療法

　ナラティヴとは、私たちの世界についての「ストーリー」であり、その世界のなかで時間とともに私たちが経験することについての「ストーリー」である。ナラティヴは言語と私たちの現象学的で文脈的な経験の双方に基づいている。さまざまな観点から、心理療法におけるナラティヴへの関心は増大してきている。ダニエル・スターン（Stern, 2003）は、4歳から6歳の子どものナラティヴに関する興味深い研究で、体験を録画しておいたものと、その後で母親との会話のなかでその体験を再構成したものとを比較した。この研究で印象的だったのは、家族のナラティヴの展開に関して、共同構築 co-constructions が制御方略として機能したその方法であり、結果として経験の社会的構成が強調されることとなった（Berger and Luckmann, 1966; Gergen, 2009 参照）。スターンは彼の本の 1985 年の版で RIG の概念を一般にも広めたが、その本の第2版では、今では「共に在る方法 ways-of-being-with」について語るのを好むと主張している（Stern, 2003）。このフレーズは、実体化された構造よりもむしろ体験 lived experience に光を当てている。このことは、私たちが使う多くのフォーミュレーションやナラティヴに潜む難しさを示しており、統合的アプローチの重要な側面を前面に押し出し、実際にはそう単純ではないことをふまえつつ、言語化された構造は携えても重視しないことの重要性を浮き彫りにしている。

　とはいえ、ナラティヴに関するもうひとつの観点はトラウマ体験の研究によってもたらされた。トラウマ体験においては、ある出来事を特定の時間域に歴史的に位置づけられないがゆえに、人生を首尾一貫して語ることが難しくなる。成人の未解決／混乱型 unresolved/disorganized の愛着パターンに関する成人愛着面接から得られた記録は、非常に印象的にこのことを明らかにしている。エザリントン（Etherington, 2003）は若干異なる見解を示しつつも、トラウマ体験への質的研究を遂行するにあたってナラティヴ・アプローチを

使うことの重要性に光を当てている。心理療法における社会構成主義とポストモダニストの観点への近年の関心の高まりは、クライエントが提示するものだけでなく、社会のなかに埋め込まれた特定のストーリーの文脈全体にも依拠する分析を提供している（McNamee and Gergen, 1992）。このような観点のラディカルな質を考慮しつつ、マクレオッド（McLeod, 1997）は次のように述べる。

　セラピーの文化的基盤を認識することで、注意の焦点は移動してゆく。セラピーにおける出会いはもはや単なる「治療 treatment」ではなく、会話とナラティヴの出来事の生起として、すなわちそれぞれの文化に属する成員たちに開かれた物語のパフォーマンスの場の一環と見なされる。このような形でセラピーを理解しようと思えば、近代の心理療法の方法と前提のなかで訓練されてきた多くの人々にとっては、ものの見方の抜本的な変換が要請されることになる。(p.27)

　本書に述べられている統合的な枠組みの観点は、真実に安住せず問いを発し続けるアプローチを歓迎する。そこでは、文脈やさまざまな理論的・個人的前提が明るみにされ、論議と批評が可能となる。

37

メンタライゼーション
リフレクティヴ機能の発達

　フォナギーら（Fonagy et al., 2004）は、メンタライゼーションを「心を保持することで体験世界が成立することを理解するプロセス」（p.3）と定義している。そして彼らは、このプロセスを自己組織化と感情制御の本質と見なしている。彼らは、リフレクティヴ機能は自己リフレクティヴな要素と対人関係的な要素の両方と関係していて、外的現実から内的現実へ、現実から空想へ、対人関係的相互作用から内的情動的プロセスへと物語る能力から成ると考えている。「心の理論」を発達させながら、幼い子どもは徐々にあるイメージ picture を発達させる。それは他者の心の感覚であり、それによって自身の「他者の概念——他者の信念、感情、態度、欲望、望み、知識、想像、ふり、欺瞞、意図、計画など」に反応することができるようになるのである（Fonagy et al., 2004: 24 強調原著者）。このようにして、子どもは他者の行動を予測できるものであり意味あるものとして体験し始める。リフレクティヴ機能は外部の意識的な気づきを操作するもので、私たちが獲得する技能と関係しており、それは暗黙の、不随意的な手続き記憶の一部となる。そしてそれは社会的な行動に影響を及ぼし、他者への反応を形成する。

　フォナギーらは、メンタライジング能力の発達に関する三つのプロセスを考えている。すなわち、ふり pretence、お喋り talking、仲間集団との交流 peer group interaction である。「ごっこ遊び」では、現実とは異なる表象が、現実とは異なるにもかかわらずごっこ遊びを行っている人たちによって共有される。大人は子どもの精神状態をリフレクトしながら外的現実の枠組みを保持しているので、遊びのなかで現実は象徴的に変容することになる。このプロセスによって、引き続き子どもは状況が彼の現在の現実とは違っているということや、社会ではごっこ遊びは通用しないということも理解できるようになっていくだろうと考えられる。そのようにして、遊びは代替的な観点の存在を指し示す機能をもつのである。「お喋り」、特に人々の行動の背後に

ある感情や理性についての会話もまた、リフレクティヴ機能を発達させるのに役立つ。最後に「仲間集団との交流」は、どのように心が働いて、どのように違ったふうに人々が考え、感じ、ふりをし、想像するかを理解するための別の豊かな資源を提供する。

　フォナギーらは「心的等価」という言葉を用いて、深刻な心の枠組みのなかにいるときに子どもが抱く期待について述べている（Fonagy et al., 2004）。それは自分の内的な世界と他人の内的な世界は外的現実と一致するだろうという期待である。遊びのなかで子どもは、内的体験は外的現実とは一致しないが、そのときの内的な状態は外的な世界と何ら関係がないと見なされていることも知っている。通常の発達では、子どもは次第にこの二つの機能モードを統合させ、メンタライゼーションの状態やリフレクティヴ能力へと達するだろう。この統合によって、心的等価の機能モードよりも洗練された高度な状態となり、内的現実と外的現実は、つながりがあるものの重要な点で明らかに異なると理解できるようになるのである。

38

トラウマ的な記憶過程と解離

　先のポイントで私たちは、個人の耐性の窓（Siegel, 1999; Ogden, P. et al., 2006）と、人をこの窓の外側に著しく押しやってしまう自律神経系（ANS）への過重負荷との関連について言及してきた。このことは、交感神経系（SNS）の過覚醒か副交感神経系（PNS）の低覚醒を導き、正常な記憶過程に潜在的に影響を与える。トラウマ的な状況、生命が脅かされる状況に直面する過酷な条件下で、人は逃走 flight、闘争 fight、凍結 freeze の反応を示す。多くの場合それまでの記憶スキーマは極度に恐ろしい体験を取り入れることができず、それは別の形で貯蔵され、通常の言語的、自伝的（宣言的）記憶から解離する。一般的な言語的記憶は海馬を経由して処理される。海馬は体験を、空間・時間・文脈の見地から意味論的に分類する。トラウマ的な出来事の間中ずっと、海馬は急速な反応のために抑制されてしまうので、トラウマ的な記憶は文脈に依存しないものとなる（van der Kolk et al., 1996; Rothschild, 2000）。もし、安全な場でこれらの体験を処理する支援や機会を得たならば、私たちは体験の意味を理解することができ、筋の通ったナラティヴをつくることができ、これらの体験を人生のストーリーに統合して自伝的な記憶として貯蔵することができる。しかし、もしトラウマが長引きストレスが続くと、海馬は事実上抑制されたままとなり、大脳辺縁系に支配された文脈を欠く連想は時空間を定めることができないままとなる。そのため、トラウマ体験の具体的な細部について健忘を起こしながら、トラウマと連合した符号化されたシグナルを、とりわけ感覚的フラッシュバックやフィーリングの衝動的な爆発、恐ろしい夢として体験する。私たちは感情調節の能力や危険をアセスメントする能力を失い、もともとの出来事（複数の出来事）と漠然と関連しているような何らかの内的、外的な手がかりに対して、まるで生命の脅威かのように反応するかもしれない。その結果トラウマを受けた人々は、「何が起きているのかを理解できないままに、すぐに刺激に反応し

がちになる。すなわち、闘争／逃走反応を示すのである。そして、ちょっとした刺激や挑発によってすくんでしまうか、あるいはその代わりに他者に対して過剰に反応したり、脅したりしてしまうのである」（van der Kolk et al., 1996：219）。トラウマを受けた人は、動揺をもたらす状況の中断や回避、情動の麻痺によって恒常的な過覚醒に反応しがちであり、それは神経生物学的な要素でもある。長くストレスにさらされると、苦痛を抑制しパニックを減少させる内因性オピオイドが分泌される。この過程は意識化される苦痛の影響を減少させるが記憶の貯蔵を妨害する。心的外傷後ストレス障害（PTSD）は、長らく処理されないままであったきわめて苦痛な出来事から生じるのである。

　強いストレスはストレス関連神経ホルモンの分泌を促し、脅威に直面した有機体の活動を助ける。しかし、ストレスが長く続くと、このストレスホルモンの効果は抑制され、脱感作や解離が生じる。解離とは「体験を区画化することである。トラウマの各要素は、統一された全体性、あるいは統合された自己感のなかには組み込まれない」（van der Kolk et al., 1996：303）。人は「正常な」自己感に戻るかもしれない。しかし、トラウマ的な出来事に関する記憶は欠けている。上述の著者たちは、一見関連した精神現象のように見えても異なる三つのタイプの解離について述べている。第一の解離は、ある出来事の感覚的、情動的な要素がパーソナリティに統合されず、通常の意識や個人の現在のナラティヴから隔離したままである状況を指している。この第一の解離は PTSD の特徴であり、分割された体験がフラッシュバックや悪夢、その他侵入的な記憶の形をとって押し入ってくる。この状態はゲシュタルトの用語で鈍感化と呼ばれることもある。「注意集中に関わる自己 the concentrating self は麻酔をかけられ、弱まっていくように感じる。これは、自己の感覚や感情が、薄められ、軽視され、無視すらされる状況なのである」（Clarkson, 1989：51）。

　第二の解離は、観察自我と体験自我の分割と関連していて、そのため、自分自身を遠いところから眺めるようになる。実際、強烈なトラウマの瞬間、身体から離れ、自分自身を外側から眺めていたと報告する人もいる（van der Kolk et al., 1996）。このように、人はトラウマと関連したフィーリングや情動から切り離される。第三の解離は、「トラウマ体験を囲い込み、独特の認知的、感情的、行動的パターンを伴う複雑なアイデンティティから成る特有の自我状態を発達」させた状態を指す（van der Kolk et al., 1996）。これは、解離性同一症（DID）において生じ、そこには多様に解離したパーソナリティ

の断片がある。ヴァン・デル・ハートら（Van der Hart et al., 2006）は、臨床文献のなかで「解離状態 dissociative states」と呼ばれるものを記述するのに多くの異なる用語が使われていることを指摘している。別の言葉としては、自我状態 ego states、解離した自己状態 dissociated self-states、解離性同一性状態 dissociative identity states、解離性パーソナリティ状態 dissociative personality states、交代人格 alter personalities あるいは交代者 alters、解離性の自己 dissociative selves あるいは解離した自己 dissociated selves、解離性同一性 dissociative identities といったものがある（Van der Hart et al., 2006:30）。このような状態にある人には、トラウマ的な出来事の様子を体験し、記憶にとどめ、報告できる人もいれば、耐え難い体験に気づくことができないままの人もいる。

　マイヤーズ（Myers, 1940）に続いてナイエンハウスら（Nijenhuis et al., 2004）やヴァン・デル・ハートら（Van der Hart et al., 2006）も、「あたかも正常に見える自己 Apparently Normal Self、もしくは ANP」という用語によって、サバイバーでありながら、子どもを持つこと、愛着をもつこと、世話をすること、その他の日常生活を支える社会活動など通常の生活課題に従事することができるパーソナリティ部分について述べている。彼らは EP──「情動的なパーソナリティ部分 Emotional part of Personality」（Van der Hart et al., 2006:30）という用語を使って、トラウマ的な記憶をカプセルに入れて過去に囚われたパーソナリティの解離性部分について述べている。このような EP は、元のトラウマ的な出来事とつながる脅威に対して典型的な原始的情動反応を示す。解離症は人生のかなり初期にも生じ得るため、このような「交代者」の出現は発達のかなり早期に遡ることも発達の後期のこともある。ヴァン・デル・ハートら（Van der Hart et al., 2006）は、三つのタイプの構造的解離について述べた。一つ目の構造的解離は、単一の ANP と単一の EP から成る。二つ目の構造的解離は、パーソナリティ機能の大部分に携わる単一の ANP と、単一の観察する EP から成る（ただし、異なるトラウマ体験は異なる EP に囲い込まれる傾向があるため、複数の EP をもつ人々もいる）。三つ目の構造的解離は、複数の EP をもつだけでなく、複数の ANP をもっているように思われる。この第三のタイプの解離が「解離性同一症（DID）、すなわち子どもの頃の、深刻かつ長期間にわたったトラウマ体験と主に関連している障害の特徴である」と彼らは述べている。

PART5
統合的心理療法家のための問題のフォーミュレーション

39

問題のフォーミュレーション
一連の概念の活用

　問題のフォーミュレーションとはクライエントと協働して構築する「ストーリー」であり、それによってクライエントが提示した問題についてある種の理解を得ることができる。問題のフォーミュレーションを進める際に、十分に考慮しておかねばならない三つの相互に関連した領域がある。それは、当該のクライエントの訴えの特異性、当該のクライエントが同じような問題を抱えている別のクライエントと共有できる特徴、そして、実存主義学派が巧みに概説した体験の普遍的要素である。私たちは、どのような問題のフォーミュレーションもこの三つの領域すべてをカバーするだろうと考えている。統合的な観点から問題のフォーミュレーションをまとめる際に、以下の事柄に焦点を当てることを私たちは推奨している。

- ・面接室内におけるクライエントとの関係性の質
- ・クライエントの人間関係の履歴、愛着スタイル、オーガナイジング・プリンシプル
- ・家族、学校、その後の人生経験と関連した個人の発達のあらゆる側面に関する観点
- ・成人との関係スタイルや特定のパーソナリティスタイル／障害、もしくはうつ、不安、トラウマ、その他の判別可能な疾患の指標となる診断的サインへの考慮
- ・クライエントの生活において、現在、顕著になっている実存的な人生問題。例えば、喪失に対処しているか、重要な生活上の変化に直面しているか
- ・クライエントが組み込まれている経済的、社会的、文化的、政治的な状況や、これが提示された問題にどのように影響しているのかについての考慮

どのようなケースでも、私たちはアラン・ショア（Schore, 2003a）にした
がって次のように考える。あらゆる機能不全は、その基盤に情動調節不全の
プロセスがあり、私たちが治療に役立つように構築する問題のフォーミュ
レーションがどのような特定の概念によるものであれ、すべては複数の原因
と結果をもつ可能性のある情動調節不全にそのルーツを持つ。

　クライエントが提示する問題によって、上記で概略した要因のうちある要
因が他の要因よりも関連があることや、その要因が問題のフォーミュレー
ションの輪郭を描くプロセスでより役立つことがわかるだろう。例えば、長
期にわたって性的虐待を受けたクライエントの場合、発達上の逸脱や成長過
程の子どもに及ぼす反復的トラウマの影響を考慮することが重要になるだろ
うし、慢性的な心的外傷後ストレス障害（Herman, 1992）を考慮することが
治療目標に向かうためのガイドとして最も役立つだろう。ある関係が破綻し
たばかりのクライエントが、繰り返している破壊的なパターンを理解してそ
のパターンを回避したいと望んでいる場合、その反復パターンの性質と幼少
期に内在化された対象関係のなかにその起源を調べることは最良の出発点と
なるかもしれない。ここでも、クライエントのパーソナリティスタイルとそ
の強みや弱みについての考察がそのプロセスを明らかにするのに役立つだろ
う。もしクライエントが戦争によって荒廃した地域から避難してきた人で、
母国で監禁され拷問を受けた可能性がある場合、トラウマと心的外傷後スト
レス障害の影響を理解することが問題のフォーミュレーションを描く際の最
も適切な出発点になりうるだろう。ここで私たちは、問題のフォーミュレー
ションのプロセスにおいて、家族、国籍、民族、人種、文化の歴史に関する
知識がいかに重要な役割を果たしているかについて触れておきたい。私たち
は皆、取り入れた世界を歴史として記憶している。そして、こういった「文
化的な脚本」が、世界をどのように見て、どのように振る舞い、関係してい
くのかに強力な役割を演じるのである。

　全体として、問題のフォーミュレーションの目的は、治療の方向性を示し、
治療の出発点を示唆することであり、また特定の状態やさまざまなパーソナ
リティスタイルに対して効果的であることが実証されている方法を示すこと
である。しかし、あらゆる治療において肝心なことは、個人の独自性を尊重
すること、そして癒しの要素であり変化のプロセスの容器（コンテイナー）
でもある治療関係の質であることを強調しておきたい。

40

問題のフォーミュレーションと
関係論的観点

　私たちが統合的心理療法家として特に関心をもっているのは、クライエントとの最初の出会いである。電話を通してであれEメールであれ対面であれ、最初の出会いの瞬間からクライエントが私たちとの関係性をどのように組織化するのかに注目する。クライエントが面接室に入ってきたら、その人が他者との関係性をどのように作り上げるのか、どのように空間を使うのか、どのように自分の感覚を使うのか、といったことを瞬時に感知する。ストロロウとアトウッド（Stolorow and Atwood, 1992）は、「後の体験を組織化する発達的にすでに備わっている諸原理」について述べているが、彼らが強調するのは、どのような特定の関係性においても、この一連の原理のなかのいずれが呼び起こされるのかを決定するのは間主観的文脈である、ということである。これらの無意識のオーガナイジング・プリンシプルが人の知覚の形成と構成に影響する。私たちは、出会いの最初から「クライエントは私たちとの関係性をどのように組織化するか」に注意を払うことが有益であることを発見した。これは、クライエントが新たな経験にもたらす固有の関係性のあり方について興味深い情報を提供してくれるからである。クライエントはためらいがちに面接室に入ってきて、室内が暖かくてもセッション中ずっとコートを脱がないかもしれない。あるいは、次のようなことを言うかもしれない。「人の近くに座るのは好きではないので、この椅子を動かしてもいいですか」「私の優先順位のリストをもってきたので、この順序通りにきっちりと進めてもらいたいです」「ここを紹介してくれた同僚は、先生がこの分野では一番と教えてくれました」「今夜、電話の約束があるので私の携帯電話が鳴っても気にしないでください」。ここで学ぶべきことは、クライエントがあなたに期待していることだけでなく、クライエントが有する他者との関係性における特徴的なオーガナイジング・プリンシプルについてである。これらの原理は更新されやすいが、もしそれが非常に強いストレス状況で

確立されたのであれば、より固定されていて変化に抵抗するかもしない。これは交流分析の脚本の概念（Berne, 1972）とかなり密接に関連があることがわかる。交流分析の枠組みで妥当な質問をするならば、おそらく次のようになるだろう。私はセラピストとしてクライエントの脚本のストーリーにどのように「フィット」するだろうか。この人の人生のなかで私に期待される役割はなんだろうか。

　このアプローチによって、クライエントが入室して腰を下ろすまでに発した言葉と非言語的なボディランゲージの両方から関連する情報を得ることができる。読者には、自分自身の感覚的・情動的・認知的な反応を注意深く心に留め置くことを推奨したい。その結果、他ならぬこの新たな人物があなたに与えた影響の経験に、現象学的に近接した状態でいられる。その人物をよく知るようになるにつれ、その人のストーリーが治療のなかで現れてきて、この初期の接触にまつわる意味がよりはっきりと、全体的に捉えられるようになることだろうが、それでもなお、その人がセラピストの理解を高めるためにどのように関係性を組織化しているかという貴重なフェルトセンスをセラピストは基盤として持ち続けることだろう。ゲシュタルト療法にも同様に、ある人が話したり、聴いたり、運動感覚的に反応したり、他者を見つめたり、世界にアプローチするそれぞれの方法を反映する接触スタイルに強調点を置く考え方がある（Mackewn, 1997 を参照）。これらの機能を現れたままに現象学的に観察することで、またクライエントがこちらに与えた影響に気づくことで、その人の特徴的な接触のスタイル（または、成人愛着スタイル、オーガナイジング・プリンシプル）を理解することができる。クライエントが最も重要な共通要因であるというこれまでの議論に基づき、私たちは問題に対するクライエントの見方を考慮することがきわめて重要であると主張している。ベイトマンら（Beitman et al., 2005）が指摘するように、通常、クライエントは自分のどこが悪くて、セラピーによってどのように改善するかについて何らかの考えをもっている。ベイトマンらはまた、クライエントと心理療法家との関係は協働的な関係であること、そのなかでセラピストはクライエントの未来への期待だけでなくクライエントのパターンについても熟考することで、クライエントと協力して問題の再フォーミュレーションを行うことも指摘している。

41

診断とDSM
その賛否

　「診断」と医学モデルにおける診断の潜在的な位置づけに関する問題は、心理療法の分野全般において重大な議論を引き起こした。それは分類システムの使用の賛否を伴う激しい論争であった。主要な診断システムを熟知していることは、精神医学や医学の学際的な仕事の文脈のなかで、議論のための言語を創造するという観点からだけでなく、臨床の観点からも重要であると私たちは考えている。心理療法家としての仕事において、私たちは診断を考えるための基盤として、他の公式の診断システムよりも DSM（現在［原書刊行時］は DSM-Ⅳ-TR）の使用に魅力を感じてきた。DSM が五つの軸で構成されていることで、それぞれの個別の機能の次元を調べられる利点がある。これら五つの軸を束ねると、クライエントが呈示している問題の包括的な概要の理解が得られる。Ⅰ軸では、うつ病、不安症、統合失調症、双極性障害、および治療が必要な他のよく知られた多くの疾患について述べられている。Ⅱ軸では、軽度もしくは重度のパーソナリティ障害について述べられ、精神遅滞もこの軸に含まれる。Ⅲ軸では一般的な身体疾患を扱っている。これらの身体疾患はクライエントの心理的な訴えに影響を与えている可能性があるものである。Ⅳ軸ではクライエントの診断、治療、予後に影響を与える可能性がある現在の心理社会的・環境的問題の領域について述べられている。最後にⅤ軸では、その時点でのクライエントの訴えの機能に対する全体的なアセスメントを提供している。このように、一見しただけでクライエントに影響を与えている多くの要因の概観を手に入れることができる。一旦DSM の用語でクライエントを診断的に説明できる知識をもてば、そのテーマに関する豊富な文献にアクセスすることができる。例えば、あなたがシゾイド的なプロセスを示すクライエントを受け持つなら、とりわけガントリップ（Guntrip, 1992）、レイン（Laing, 1960）、スミス・ベンジャミン（Smith Benjamin, 2003）、ジョンソン（Johnson, 1994）などの文献を得ることができる。このよ

うに、DSM は公式な診断と実践に基づく豊富な臨床文献への橋渡しとなり、私たちは特定のクライエントに対するセラピーの見解を文書化しそのセラピーへの取り組み方を概説している別の実践家から恩恵を受けることができる。また関連する調査研究のリンクが web 上にあり有益な情報が手に入る。

DSM-IV-TR とそれ以前の版は批判にさらされてきた。多くの人が DSM には欠陥があると考え、クライエントの強み、対人関係の側面、問題へのクライエント自身の理論に焦点を当てたアプローチをより効果的なものと考えている（Eubanks-Carter et al., 2005, 507ff を参照）。このような著者たちは、クライエントが呈示する問題は多様であり、DSM のカテゴリーにきれいに分類されることはめったになく、それゆえクライエントの複雑な現実に対応するよりも、DSM のカテゴリーにクライエントを当てはめてしまう危険性があると指摘する。より巨視的な観点からは、DSM によるフォーミュレーションは権力者による社会的構築物であると批判されてきた（例えば Kutchins and Kirk, 1997）。DSM に批判的な著者たちは DSM の改訂のたびに起こった変化を記述し、DSM-II には同性愛が性的倒錯として含まれており、同性愛を「疾患」として扱っていたこと、DSM-III では同性愛は自我異和的同性愛と変更されたが DSM-III-TR 以降では削除されたことを指摘している。このように歴史を知ることによって、診断システムの構築における社会の価値観と専門家の権力の役割について指摘することができる。

私たちは、どんな「診断」も定期的に改訂が行われる「一時的な仮説」であり、生涯にわたって人を分類するような「人生に対するラベル」ではないと考えていることを強調したい。まずは、診断すなわち何らかの形式のラベリングやネーミングは有害になりうるということを認識しておくことだろう。診断的な仮説のメリットは治療を促進し関連する有益な文献へと私たちを導く手段となることであり、変更不能な「物自体」としてではない。また DSM の適用には対策が必要なある種の偏りがあることもよく知られている。例えばパーカーら（Parker et al., 1995）は、DSM のフォーミュレーションによって個人がある特定の方法で「位置づけられ」、疎外や抑圧につながる可能性があることに注意を喚起している。このような批判は、批判的社会理論の立場をとる別の著者からもなされている（例えば Littlewood and Lipsedge, 1997; Pilgrim, 1997）。私たちは「産湯とともに赤子を流す」のではなく、いかなる診断分類システムの使用にも適切な注意を払い、クライエントをサポートする可能性があるものとして使用する立場をとる。

42

不安と抑うつ
ありふれた課題

　不安と抑うつ双方に複数の原因がありうる。最初に、例えばカフェイン摂取のような医学的もしくは生活習慣的な要因が関与しているか、医療的または食事療法的な介入が必要な状態に心理学的な治療を試みていないかをチェックすることが重要である。不安と抑うつはどちらも、治療の際は、症状の「マネジメント」と関係療法による問題の根深く複雑な水準を探索する機会の両方に取り組む統合的な治療計画となるだろう。感情調節不全はⅠ軸とⅡ軸のあらゆる障害の中心にあるため、うつ状態や不安状態には自己調節と適切な感情調節の達成に向けた直接的かつ長期にわたる焦点化が適切であるとするショアの見解（Schore, 2003）に私たちは同意する。

　不安は不安状態やパニック症の形をとることがあり、クライエントとこの問題について話し合って二つの状態を区別することが重要である。不安症状のより直接的な「マネジメント」のために有用なテクニックがいくつかある。呼吸への集中とリラクゼーション、不安をさらに悪化させる「ネガティブな自動思考」を同定しそれにチャレンジすること、最近の出来事に取り組み代替的な反応の仕方をリハーサルすること、不安状態の症状の性質について情報提供すること、不安を体験しているときにその人が自分自身を支えるための最善の方法を探索することなどである（Clark, 1996）。これを関係的アプローチと組み合わせることができる。効果的な治療関係は、言語レベルと非言語レベルでクライエントに調律することで感情の自動調節の向上に寄与することが明らかになっているからである。幼少期における不安の起源を探索し、報復されない治療空間のなかで抑圧された諸々の情動、ニーズ、恐怖、願望を所有し、明瞭に表現して認識できる空間を提供する深い構造的アプローチも、不安のマネジメントに焦点を当てるより直接的な方法と組み合わせることができる。統合された治療計画はこのような要素から成る。抑うつの治療においても同様の統合的アプローチを採用できる。抑うつはクライエ

統合的心理療法　100のポイントと技法

094

ントが直面を怖れている人生の選択肢と結びついているが、その選択肢はクライエントのそれまでの世界観を揺るがし、広範囲にわたる変化を迫るものであることがよくある。また抑うつは、より深層にある（文字通り、下に de 抑え込まれた pressed）フィーリングを認めることの困難を物語っていることもあれば、何らかの形の物質乱用の結果であることもある。提示されている症状は、共感的に寄り添うなかで注意深く分析し検討する必要がある。そうすることで症状が展開されているさまざまな次元が明らかになり、それぞれの次元に適切に対応することができる。

43

パーソナリティスタイルと
パーソナリティ障害

　ジョンソン（Johnson, 1994）は、パーソナリティスタイル、パーソナリ
ティ神経症、パーソナリティ障害を、軽度から中等度へ、そして重度に至る
連続体として概説している。より軽度であるほど柔軟性があり新奇な状況に
直面しても変化する能力が高く、より重度であるほど世界へのアプローチが
硬直したものとなる。なぜなら、多くの場合、状況への対処は、適応的な方
法がコード化されたときのストレスの強さと関連してより特定の方法に固定
されるからである。「パーソナリティ障害は、しばしば幼少期から老年期を
通して、最も苦痛であった対人関係の歴史と関連している。特に親しい人々
との関係が、欠落していたり、ひどく制限されていたり、慢性的に機能不全
であった場合である」（Johnson, 1994: 15）。

　この図式において、私たちは皆、生き残るために、ニーズを満たすために、
適応せねばならなかった幼少期の家族や、社会とトラウマの影響に左右され
ながらパーソナリティスタイル（パーソナリティ障害に至るまで）を発達さ
せる。こうした適応は、私たちを取り巻く世界における生き残り戦略、ある
いは「創造的適応 creative adaptations」と見なすことができる。それらはす
べて感情を調節する特定の方法と、情動、認知、行動を処理し表現する特定
の方法と関連している。文化によって奨励される行動や「報酬」が異なるた
め、文化もまたパーソナリティ形成に役割を果たしている。幼少期には生き
延びるために機能していたものが、状況が変わり、新たな問題解決の方法を
見つけることが必要になる成人期には「時代遅れ」になることもしばしばあ
る。あらゆる状況において、固定的で柔軟性に欠ける反応よりも、現在の特
定の状況に取り組むことができるような反応を柔軟に選択できる能力がこの
プロセスでは重要である。

　パーソナリティを調べ始めるための最初の枠組みを学生たちに与える場
合、ウェア（Ware, 1983）の交流分析のアプローチが出発点として特に有用

であると思われる。ウェアは、人にはそれぞれが所有する三つの「ドア」があると言う (Ware, 1983)。「コンタクトドア」「ターゲットドア」「トラップドア」の三つである。「コンタクトドア」はその人が最も近づきやすい媒体、すなわち思考、フィーリング、行動のことである。ターゲットドア（思考かフィーリングのいずれか）は、原家族のなかで生き残るために「閉鎖」されており、統合が起こるためにはこの「ドア」が適切に「開かれる」必要がある。誰かがあなたのターゲットドアに近づいてくると、誰かが「あなたのターゲットを叩き」、しばしばまさにあなたが最も望み欲していた反応を与えられる体験をする。トラップドア（思考、フィーリング、行動のいずれか）は、多くのものと連動するが反復的で問題解決的ではない。セラピーの目的は、コンタクトドアを通って人と関わり、次第にその人がターゲットドアのなかに抑えられてきた機能を統合できるように緩やかに援助することである。その結果、ニーズに合わせて他者と効果的に関わるために、建設的で適切な方法で思考、フィーリング、行動を統合することができる。ウェアの文献 (Ware, 1983) には一連のさまざまなパーソナリティスタイルが示され、説明されている。

　ジョインズとスチュアート (Joines and Stewart, 2002) はウェアのアイディアについて説明し、さまざまなパーソナリティ適応状態にある人たちが世界にどのようにアプローチしているのかを把握するための包括的な枠組みを提供している。彼らはウェアのオリジナルの六つの適応タイプに境界型と自己愛型を加えて論じている。ここではジョインズとスチュアートが採用したウェアのいくつかのパーソナリティスタイルを例示する。強迫観念型は、コンタクトドア−思考、ターゲットドア−フィーリング、トラップドア−行動、である。そのような人はよく考えて問題を解決することができるが、自身のニーズやフィーリングをしばしば犠牲にしている。ある意味、彼らは自分のフィーリングに与える影響に注意を払わずに問題のアセスメントから問題解決まで一気に突き進んでしまう。したがって、強迫型は仕事をきちんとこなすが、しばしば十分な食事や休憩をとらずに長時間働き続けるかもしれない。この人たちのトラップドアは行動であり、例えば不安を軽減するために大量のリストを作成したり、フロアを行ったり来たりしているが、それは必ずしも問題への対処になっていない。これは非機能的側面であり、満足感のある生活を送るためにアクセスする必要があるニーズやフィーリングを抑圧することと関連している。強迫観念型は状況を実によく分析するが、効果的な行

動は抑制されることがある。このような例から、このモデルがいかにクライ
エントを理解しアプローチする上で役立つかを感じられることと思う。学習
スタイルの用語でこういったプロセスについて考えることもまた役立つだろ
う。

44

問題のフォーミュレーションと
発達的観点

　心理療法への統合的アプローチのなかで、私たちはクライエントが抱えて
いる問題に関して、現在に焦点化する観点と過去に焦点化する観点の双方に
関心がある。しかし、これまで概観してきた文献に基づけば、後の機能障害
の予測因子として、幼少期の体験を特に重視しているのは明白である。ある
幼少期の問題がどの程度直接的に扱われるか、その程度は多様であるが、過
去と現在のつながりはさまざまな心理療法の様式を超えて広く認められてい
る。例えば、認知行動療法を実践するセラピストが開発してきたフォーミュ
レーションアプローチでは（例えば Beck, 1976）、幼少期の経験への洞察を得
ることの重要性を認める。とはいえ、こうしたプロセスに焦点を当てるかど
うか、そしてどのようにアプローチしていくかは、問題の性質と実践されて
いる認知行動療法のタイプ双方によって決まる。本書で説明してきた統合的
な関係論的観点からは、幼少期の発達の問題が重要であるということ、そし
てそういった問題はセラピストとクライエントの関係性に現れる可能性があ
るという前提から始めるだろう。つまり、幼少期の関係性の問題に対するア
セスメントは、幼少期の経験のどの側面がどんな形となって現在のなかに現
れてくる可能性があるか、またどんな治療計画のガイドラインが最も役立つ
可能性があるかについて考える機会を提供する。
　現在の行動や感情的な能力に影響を与えうる幼少期の体験は数多あり、愛
着スタイル、パーソナリティの素因（障害と定義されるものであれ、特性と
定義されるものであれ）、早期トラウマ、幼少期のケアにおける環境的欠陥に
まで及ぶ。これらすべてを問題のフォーミュレーションに含めることが重要
である。ジョンソン（Johnson, 1985, 1994）は、彼が「性格分析」と呼ぶ概念
化の際に有用な方法を提示している。それは、幼少期の経験やその経験が
発達途上の子どもに与える影響などを概念化する方法である。この考え方
は DSM-Ⅳ-TR の用語を使っているが、一方で、よりヒューマニスティック

で力動的な方法でも概念化されている。ギャバード（Gabbard, 2005）とスミス・ベンジャミン（Smith Benjamin, 2003）は、記述的診断と力動的診断の間の異同に注意を払いつつ、「力動的アセスメント」の重要性を強調している。

45

問題のフォーミュレーションと
実存的問題

　問題のフォーミュレーションにおいて、私たちは人生の実存的問題を論じる重要な余地があると考える。実存的な観点は、何でも病理化してしまう傾向に適切なバランスをもたらしてくれるからである。死やあらゆる種類の喪失に関する問題、人生上の重大な選択に直面すること、出来事や生活から私たちが作り出す意味、運命を形作る決断を下す選択の自由と向き合うこと、選択の結果と折り合いをつけること、さまざまなライフステージの難局に直面することが、不安や抑うつを呈する人の問題の中心にあることが多い。スピネッリ（Spinelli, 2007）は、「実存的な不安には、実存状況に対するあらゆる反応が含まれている」ことを指摘している。メイら（May et al., 1958/1994）は、存在論的な不安とは、「差し迫った不在 non-being の脅威の経験」（p.50）であり、それが「その人の実存への気づきを圧倒し、時間の感覚を奪い、過去の記憶を鈍らせ、未来を消し去る」（p.51）。このようにして、世界における人の存在の核心が打ちのめされるのである。実存的な不安を抑制したり置換しようとする試みは、しばしば自己、他者、世界と関連する非機能的なパターンを下支えすることになる。

　ヤーロム（Yalom, 1980）は四つのテーマ（死、自由、孤独、人生の無意味性 meaninglessness）を基に実存的問題について論じている。私たちすべてが死の不安と死との対決に直面する。病気や死にかけた経験、あるいは死別体験によって、クライエントはこの状態をより明白に経験するだろう。私たちはこの無 nothing の恐怖を何かの恐怖に転換することによって防衛しているのかもしれない。それゆえ、原初的な死の不安にその本来の姿で直面することはめったになく、それはもっと間接的な仕方で現れる。意識的レベルで、私たちは誰も死の現実を否定することはないが、あたかも死の運命のルールは自分にではなく他人に適用されるかのように振る舞っている感覚がある。自分の行為を選択し責任を負うことの自由も人間の条件の核心部に位置する。

101

しかしヤーロムが指摘するように、自分と自分の世界に対する責任を覚知することは深刻な恐怖体験となりうるし、私たちを底知れぬ空 groundlessness と無 nothingness の不安へと叩き込む避けて通りたい体験かもしれない。スピネッリ（Spinelli, 2007）は、自由と責任は関係性の文脈のなかに位置していると強調する。「真正性 authenticity とは、分割できない相互関係的な基盤の内部に位置づけられたものとしての選択と自由と責任との表現であると見なすことができる」（p.50）。

　実存的な孤独は私たちの実存の不可避の要素とみなされ、個人はいや応なく孤独であるという事実が強調される。私たちは孤独の不安からの安らぎを求め、融合して自分を見失うような他者を見つけようとし、複数の相手と性的関係をもち、さまざまな形で人との関係性を必死に求め接触しようとする。癒しの関係性のなかでクライエントは真の関係をはじめることができるし、孤独という難題に直面するだけでなく、自分の成長や発達を支える創造的な選択をはじめることができる。対話 dialogue という用語は、ブーバー（Buber, 1923/1996）やハイクナー（Hycner, 1993）のような論者が、相手や出会いに期待を押しつけることなく、ありのままの相手と出会いたいという純粋な願いのもとに進む人と人との交流プロセスを表現した用語である。無意味性がはらむ可能性もまた私たちにさらなる実存的課題を突きつける。私たちは人生において、さまざまな出来事や人との出会いを通じてストーリーや意味を創造し、自らの経験を理解していく。この世に自分が存在することを説明するために、首尾一貫したナラティヴを創造したくなる欲求は人間的なものである。私たちそれぞれが経験からどんな世界観を構築したとしても、それは未完成のままである。スピネッリは、意味は関係性から現れ、その関係性は私たちと世界の間で継続中であると指摘する。そのため私たちの世界観は絶え間なく破壊され、それゆえに再建にも開かれている。

　人は自分自身のために多くの方法で意味を構成し、見つけ出そうとする。それはおそらく、自分が求める目的や一貫性を与えてくれるスピリチュアルな道筋を探すためである。トラウマ的な出来事や世界的な危機は、人々を支えてきた確立された意味に問いを投げかける。そして彷徨う感覚や未来を感じられない状態を人々にもたらす。リフトン（Lifton in Wilson and Raphael, 1993）は、ホロコーストのようなトラウマ的な出来事のサバイバーは、「人間の善と悪のような現象に関する自身の意味の感覚について、また人間は相互に真につながっているのかについて、そして人生において経験する何らか

のつながりを信頼することができるのかについて、再検討する」（p.13）ことになると指摘している。人災であれ天災であれ、何らかの災害に見舞われると、人は人生の意味を揺さぶられる。それは愛する者を失うこと、人に騙されることなど、私たちの意味のシステムを揺さぶるその他のどんなライフイベントにおいても同様であろう。人間の条件に共通の側面に実存的な焦点が当たること、しばしばそれがクライエントを心理療法へと導く契機であり、その契機に対してセラピストもまた向き合うことになるのである。

PART5 統合的心理療法家のための問題のフォーミュレーション

46

慢性的な関係トラウマと
単一のトラウマ的出来事

　幼少期から何年にもわたって継続的に育児放棄や虐待を受け続けたこと
と、交通事故のような一回限りの経験に潜在的に違いがあることは、トラウ
マ体験に関する文献から明らかである。両者は、極度の恐怖、無力感、コン
トロール不全、崩壊の脅威によって特徴づけられる。その一方で、これまで
紹介してきたように、連続的に反復されるがゆえに極端なコーピング戦略を
強化する経験と、通常の日常的なコーピング戦略を超える経験との間には違
いがある。例えば、物理的な事故によるトラウマと関係的な性質のトラウマ
の間にもまた重要な違いがある。両者のトラウマは DSM-IV-TR（米国精神医
学会，2000）に記載されているような症状を呈することが多い。しかし研究
者たちは、重大な事故で苦しむ人のなかに、効果的に対処できている人とそ
うでない人がいるのは何故かと自問してきた。ブリアーとスコット（Briere
and Scott, 2006）は、「区別して記述されたトラウマのリストは、さまざまな
トラウマが互いに独立しているという誤った印象を与える可能性がある」と
指摘している。著者らは関連する研究を引用しながら、特に幼少期に関係ト
ラウマを経験してきた人たちは、その後もトラウマ的な出来事を経験する可
能性が高いことを示している。彼らはこの事実を再被害化 revictimization と
呼ぶ。

　以前のポイントで私たちは感情神経科学の研究に光を当て、それによると
人の愛着の歴史がその後のトラウマ対処能力に影響することを紹介してきた
（Schore, 1994; Siegel, 1999）。これらの著者はまた、幼少期の安定した愛着が
ストレスやコルチゾール分泌に対する緩衝剤として機能する様式に注目した
研究も強調している。それゆえに、困難を示す状態についてのどんなアセス
メントも、その人の愛着の歴史との関連を考慮することが重要である。調節
不全をもたらした幼少期の相互作用の経験は、現在においても注意を向ける
必要があり、そうすることでクライエントは新たな調節パターンを学習でき

統合的心理療法 100のポイントと技法

104

る立場に置かれ、それと並行してフラッシュバックや過覚醒状態といった症状に対処することができるのである。オグデンら（Ogden, P. et al., 2006）は「ボトムアップアプローチ」を提唱する。それはトラウマの結果抑制された行動傾向の特定を重視し、感覚運動の処理過程に注意を向けるものである。このパターンは、最近のトラウマ的な出来事とそれ以前の関係体験の双方に関連することがある。それゆえ臨床家は、クライエントと協働してフォーミュレーションを完成する際にこのことを心にとめておくことが重要となる。フォーミュレーション段階での透明性のある協働は、クライエントとの主導権の共有という点でも、トラウマ的な出来事の経験とは相反する経験という点でも、そして幼少期とは異なる種類の調節プロセスの経験を提供するという点でも癒しに貢献する可能性を秘めている。

PART5 統合的心理療法家のための問題のフォーミュレーション

47

複雑性心的外傷後ストレス障害

ジュディス・ハーマン（Herman, 1992）は、フォーミュレーションでは複雑性について考慮する必要があり、それは公認されるべきであると論じている。彼女は、現在の「心的外傷後ストレス障害」の分類基準[01]に、長期間にわたり、反復され、関係的であるトラウマ体験が含まれていないことを指摘している。

> 長期にわたる虐待のサバイバーは、関係性とアイデンティティの変形など特徴的なパーソナリティ変化を発展させる。児童虐待のサバイバーは人間関係やアイデンティティに関して同様の問題を発展させる。加えて、自傷であれ、他者の手による危害であれ、反復される危害を受けやすくなる。近年の心的外傷後ストレス障害のフォーミュレーションは、長期にわたり反復されたトラウマの多様な症候学的症状や、監禁のなかで起こる深いパーソナリティの歪みのいずれも捉えることができていない。(Herman, 1992:119)

ハーマンの訴えにもかかわらず、この複雑性心的外傷後ストレス障害のカテゴリーはまだ公認された分類マニュアルに登場していない[02]。

私たちは発達研究に基づき、適切な臨床的フォーミュレーションには複雑性が組み込まれていなければならないことを示す説得力ある論拠を提示してきた。また、ホロコーストのような政治的措置の被害者や、難民体験者（Krystal, 1968, 1988; Timerman, 1988）の報告に基づく強力な論拠もある。妥当なフォーミュレーションを行う上で、臨床家は分類がもたらす簡便さと

---

01 原書刊行時の DSM-IV-TR における分類。最新版の DSM-5-TR でも採用は見送られた。

02 2019 年改訂の ICD-11 では複雑性 PTSD の診断基準が採用された。

無難さの誘惑を超えていく必要があり、クライエントのストーリーを注意深く聴く必要がある。そしてクライエントのストーリーとこのストーリーがさまざまな時間軸のなかで展開してきた文脈に、そしてセラピストが存在することでストーリーが再構成される方法に、注意深く耳を傾ける姿勢が必要である。ここで私たちが直面するのは、しばしば分類を好む実証主義的な枠組みと、プロセスを重視する質的探究に基づいたフォーミュレーションの区別である。ナラティヴな探究の立場をとるキム・エサリントン（Etherington, 2000, 2003）は、個人のストーリーの文脈に沿った微妙なニュアンスと癒しのための洞察を引き出す方法について強力な例をいくつか示している（Etherington, 2000, 2003）。

PART5　統合的心理療法家のための問題のフォーミュレーション

48

統合的な問題のフォーミュレーションの構築

　統合的な問題のフォーミュレーションを行う際には、クライエントの問題の性質に応じて、関連する概念や領域を用いてクライエントの訴えの一貫したイメージを作成し、それに基づいてクライエントに行う治療の方向性を検討することになる。このような問題のフォーミュレーションは、まさにその性質からしていくつかの仮説の試行的なセットであり、私たちはそれによってクライエントとの作業の支えを得る。そしてこれは作業が続くにしたがって定期的に更新されてゆく。以下の質問は、特定のクライエントの状況を振り返るこのプロセスを支援するために設計されている。

1　クライエントの訴えの一部に、薬物やアルコール依存、家庭内暴力、職場でのいじめ、人間関係の崩壊、最近の近親者との死別（いくつかの可能性について述べる場合でも）のような重要で差し迫った要因はあるか。

2　現在の訴えに関連していると思われる幼少期の発達上の大きな逸脱があったか。つまり、幼少期の関係トラウマの証拠はあるか。

3　その後の（または最近の）クライエントの機能に影響を及ぼしているトラウマ的な出来事があったか。

4　クライエントの関係性のスタイルや愛着の歴史、現在の成人愛着スタイルをあなたはどのように記述するか。クライエントの接触スタイルは何か。

5　DSM-IV-TR をもとにあなたが暫定的に考えるこのクライエントの診断仮説はどのようなものか。多軸診断はクライエントの履歴と訴えに関係する特定の行動と一致するか。

6　クライエントは現在どんな実存的な人生問題やライフステージ上の問題に直面しているか。どのようにその問題を扱っているか。

7 クライエントは性的な問題や、性同一性に関連のある問題を訴えているか。

8 あなたのクライエントの現在の文脈と、それがクライエントの訴えにどのように影響しているのかを記述すること。社会的、人種的、政治的、経済的な影響（他に関連する現在の文脈上の問題）がクライエントの訴えにどのように影響を及ぼしているか。

9 （特に）性的指向、ジェンダー、年齢、人種、国籍、障害のような差異の問題があなたのクライエントにどのように影響しているか。

10 クライエントの家族、文化、人種的な歴史のどの側面が現状の理解にヒントを与えうるか。

PART6
統合的心理療法のプロセス

49

初回面接
検討すべき重要事項

　初回面接がクライエントとの最初の出会いとなるセラピストは、評価者がクライエントを割り振る実習の訓練生でもない限りおそらくいないだろう。電話やEメールのやりとりを通して、すでに多くの情報が利用可能となっている。フォーミュレーションが済んだクライエントとの初回面接に臨む初心の訓練生の場合でも、初回面接で受ける影響に対して、繊細で好奇心旺盛な姿勢で臨むよう強く提案したい。ヘイリー（Hayley, 1978）は、治療関係の始まり方がその終わり方に影響を与える可能性を指摘し、現在の問題を明確にしてそれを解決する方法と、現在の問題の側面が治療の過程でどのように現れるかを振り返ることの重要性を指摘している。

　ミラー（Miller, 2006）は、初回面接とその前後の五つの段階について概説している。それは次のようなものである。

1　最初の出会いを準備する。例えばリファーの問題を扱い、初回の予約日時を仕分ける。これには何が問題かに関する初期の仮説が含まれる可能性が高い。
2　初回面接でクライエントに会い、ラポートを確立し、契約や関連情報のやりとりをする。
3　クライエントのストーリーに耳を傾け、問題を分類し、最初のアセスメントを行う。
4　次回のセッションで何を行うかを決定し、初回面接を終える。
5　面接後にすべきことに取り組む。例えば、情報や印象や今後の取り組みを記録する。

　オブライエンとヒューストン（O'Brien and Houston, 2007）は、「〈この人と一緒にやっていけるか〉という問いに答えるために二人は必死になっている

か」を論点とすることで、この最初の出会いのなかで同時に起きている明示的交流と暗黙的交流を強調している。ダニエル・スターンとボストン変化プロセス研究会（Stern and the Boston Change Process Study Group, 2003）は、このプロセスを匂いを嗅ぎ合う動物同士の行動に基づく「心理－動物行動学」と表現し、それは「間主観的な探求、即興、共同創造」（p.25）を通して実現されると述べる。

　最初の出会いにおいて考慮すべき重要な課題はリスクである。問題は、最初の紹介プロセスや電話の際に強調されることもあれば、初回面接の話し合いの最中に話題として出現することもある。リスクアセスメントでは自分や他者を傷つける可能性に注目し、次のような重要な指標に細心の注意を払う必要がある。自傷の既往歴や今も続く自殺念慮はあるか、薬物使用はあるか、社会的ひきこもりはあるか、関連する何らかの背景要因、例えば精神科の治療歴や虐待やトラウマの経歴はあるか。そのようなリスクは、交わされる契約の性質、意思決定支援としてのスーパーヴィジョンの追加、医療の関与の可能性に明らかに影響を与える。重要なのは、実践家は直接質問することができ、クライエントと協働してリスクをアセスメントすることができ、クライエントと合意の上で適切な行動をとることができることである。ルーチン評価臨床成果（Clinical Outcomes for Routine Evaluation: CORE）システムを使う実践家は、初回の質問票に組み込まれたリスクアセスメントを行う（レビューは Leach et al., 2005 を参照のこと）。

50

どの文脈で、どのクライエントに、どのようなセラピーを行うか

　ここで提起されている問いは、心理療法への統合的アプローチについて特に興味深いものである。統合的アプローチでは、心理療法を進めるのに最善の方法というものはなく、人間の独自性とその文脈が最も重要であると仮定されている。提示されている問題を扱うための最善のアプローチとはどのようなものかを突きとめるためには、クライエントとの慎重な協働的分析が重要となるのは間違いない。心理療法研究の分野では、この問題について熱い討論が続いている。心理療法研究に対するいくつかのアプローチは、症状や心理的問題の特定、対応として最も適切であると考えられるアプローチの特定、効果的な治療に必要となる時間の長さを並行して特定することを優先している。いくぶん異なるアプローチでは、適用される技法のタイプにかかわらず、適切である共通要因の特定を支持している。アサイとランバート（Asay and Lambert, 1999）は、共通治療要因を四つのカテゴリーに分け、関連する研究知見から得られた治療結果に対する貢献の割合を各カテゴリーに振り当てた。この著者らは、治療外要因とクライエントの要因を40％、治療関係を30％、期待とプラセボ効果を15％、特異的な技法を15％としている。これらのデータは、特定の治療的アプローチが治療結果に及ぼす効果は比較的小さいことを示している。セリグマン（Seligman, 1995）はまた、適切なセラピストを探すことに積極的なクライエントや、提供されるサービスの特異性について問い合わせる意欲があるクライエントはポジティブな効果を得る可性が高いという事実に注意を促している。

　ロスとフォナギー（Roth and Fonagy, 2005）、ネイサンとゴーマン（Nathan and Gorman, 2007）は、異なる問題に異なる治療を行うことと、効力 efficacy に関連する研究について包括的な総説を行っている。多くの異なる「症状」が同時に存在する傾向があるため、異なる苦悩の形や特定の問題を分離できるかどうかの課題があり（Duncan et al., 2004）、パニック症、恐怖症、全般不

安症の治療における認知行動療法など、特定の困難には特定の治療法が有効であるという研究結果もある。しかしながら、オブライエンとヒューストン（O'Brien and Houston, 2007）は次のように論じている。

> クライエントに関わるセラピストには、そのオリエンテーションに関わらず共通点がある。どのオリエンテーションのセラピストにも、クライエントにセラピーの目標と課題に共同で参加してもらう能力、クライエントが情動を表出する機会を提供し治療的な癒しの絆を作る能力が必要なのである。（p.43）

効果研究分野の調査研究を広く検討すると、統合的なスタンスや治療的変化を支えるより一般的な要因に注目することを支持する結果が多くある。

51

心理療法による変化
愛と希望の役割

　心理療法的な関係性における愛の問題は、転移性恋愛の観察に関するフロイトの初期の論文（Freud, 1915）以来、常に心理療法家の念頭にあった。性愛性転移についての精神分析の文献には、この着想に関する考え方が反映されている（例えば Mann, 1999）。これについて、よりよい結果をもたらすプロセスにはセラピストとクライエントの間の信頼といたわりが必要であるという発想からひとつの異なった見解がもたらされた。親密な共感的出会いを「愛 love」と呼ぶかどうかには論争があるかもしれないが、治療プロセスにおける深い関わりがその双方に深いフィーリングを生み出すことは明白である、というものである。*Psychoanalytic Inquiry* 誌の最近の編集では、「分析家の愛」について特集が組まれており、多くの興味深いアイディアが討論の場を作っている（例えば Slavin, 2007）。発達的に見ると、身体的健康と心理的健康を形成するには、早期幼児期に愛とケアが重要であるとの一般的な見解がある（例えば Gerhardt, 2004）。前のいくつかのポイントで、愛情のあるケアの神経科学的な影響とネグレクトの否定的な影響について示したが、それもまた愛の生物学的な重要性を際立たせている。カール・ロジャーズの治療理論における愛の重要性は、カーン（Kahn, 1997）によって強調されている。カーンはロジャーズ派の治療プロセスにおける純粋性、一致、無条件の肯定的関心と愛の思想を結びつけている。セラピストにとって本当に重要であるクライエントの治療はうまくいくというエビデンスもある（Jones et al., 2003）。

　良好な結果へのクライエントの期待の役割が心理療法的な変化をもたらす重要な要因であることが特定されており、この事実は驚くべきことではないが、調査研究によって確認されたことは興味深い。希望が重要であるとの考えは、何年も前にフランクとフランク（Frank and Frank, 1993）の『説得と治療 *Persuasion and Healing*』の初版で強調された。この著者らは、クライエン

トのなかにある援助の期待を高めるために、心理療法においても神話と儀式、そしてそれらがもつ潜在力が重要であることを強調した。最近の多くの研究も、クライエントの期待と肯定的な結果の可能性との間に関係があることを示している（Snyder et al., 1999; Glass and Arnkoff, 2000）。希望は、結果への期待だけでなく、セラピーのプロセスへの期待に関しても重要である（例えばWilkins, 1979）。このことは、クライエントがセラピーにおける役割をいかに準備できるか、またそのような準備がプロセスや結果にいかに効果を及ぼすかの問題を提起する。研究は、個人がセラピーを続けるかどうか、そしてどのような結果が得られるかに「誘導 induction」が重要な影響をもたらすことを確かに示唆している（例えば Guajardo and Anderson, 2007）。

52

心理療法におけるアセスメント

　アセスメントは、クライエントがセラピーに何を持ち込んでいるのか、それをどう理解するかについて慎重に検討して行わなければならない。こういった洞察や理解は、適切な「治療計画」か、あるいはクライエントの問題やセラピーと関連する目標と対応しそうな手続きへと移し換えられる。クライエントが何を持ち込んでいるかを理解するひとつの方法として、私たちはDSM-IV-TR（American Psychiatric Association, 2000）のフォーミュレーションを使っていることを述べてきた。この点に関しては、ジョンソン（Johnson, 1994）の仕事の参照も勧める。しかしながら、体験の近くに留まり、クライエントが自身の困難を語るのに使っている言語を進んで取り入れるために、私たちはアセスメントプロセスへの協働的アプローチを主張したい。オブライエンとヒューストン（O'Brien and Houston, 2007）は、セラピストとクライエントの相性をアセスメントプロセスの一部として考慮することを重視し、研究結果は、セラピストの資質、クライエントの特性、関係要因の相互作用を一貫して強調していることを指摘する。この見解からすると、アセスメントの結果、そのクライエントを適切な同業者にリファーすることになるかもしれない。

　アセスメント面接において、私たちはクライエントが述べる困難に関心があるし、その困難を過去の文脈と現在の文脈の両方の領域に位置づけることにも関心をもつ。例えば、重度の不安を呈するクライエントがカフェイン入りのコーヒーを大きなカップで毎日8杯飲んでいるかどうかを知ることは役に立つ！　動機や関与はセラピーが辿る経過に影響する可能性が高いため、援助を求めて訪れたクライエントの態度を観察して検討することもまた重要である（例えば Orlinsky et al., 1994）。セラピーから得たいことや合意したい目標について、過度に機械的なやり方ではなく、交渉中の協働的な努力の一部分としてクライエントと話し合うことを私たちは勧めたい。このようなア

プローチは、肯定的な治療結果の可能性に関する研究によって支持されている（例えば Tryon and Winograd, 2002）。

PART6　統合的心理療法のプロセス

53

治療関係のさまざまな次元の概観

　心理療法的な関係性は、体験における意識的、明示的、言語的レベルと、無意識的、暗黙的、非言語的なレベルとで共同創造されるものと私たちは見なしている。これらの異なる関係性の次元はジェルソとカーター（Gelso and Carter, 1985）が最初に概説し、作業同盟、人間対人間の関係、転移関係を識別した。クラークソン（Clarkson, 1989）は、発達的に必要とされる関係性もしくは修復的な関係性とトランスパーソナルな関係性を上記の関係性の次元に追加し、「セラピーにおける五つの関係性」に関する詳細な考察を行った。私たちはこの五つの関係性に表象的な関係性を加えた。以下に私たちが概観するのは、この六つの関係性の様式である。

　その時々で、あるひとつの関係性の次元が図となり、その間、他の次元は背景に退く。これらの入れ替わりは、作業の進展につれて継続する可能性が高い。しかし、少なくともセラピーが前進するためには、効果的な作業同盟がきわめて重要であることを強調したい。作業同盟が順調であれば、その関係は他のすべての治療的活動の基盤として役立つ。作業同盟に懸念があれば、セラピーが進む前に注意を払っておく必要がある。一人のセラピストが異なる治療様式を呼び出す程度は、セラピストの個人的なスタイルや統合の哲学と関連している。例えば、あるセラピストはより人間対人間の関係性で行うが、別のセラピストはより転移関係を指向する。これらすべては重要な選択となり、行われている作業に影響する。セラピストが関係性のスタイルをどのように選択しどのように組み合わせるか、その最適解は、いずれもクライエントの特定のニーズとセラピーの段階によって与えられる。

54

作業同盟と効果的なセラピー

　作業同盟は治療同盟とも言われ、心理療法のすべてのアプローチにおいて肯定的な治療結果を支持する重要な構成概念として取り上げられている。その起源は精神分析にあり、フロイト（Freud, 1913）は、外的現実の要求に基づく共通の目標をもって「タッグを組む band together」分析家と患者の間の「協定 pact」に注目した。フロイトにとって同盟は、陽性転移もしくは理想化転移の概念と密接に関連していた。「治療同盟」はゼッツェル（Zetzel, 1956）が作った用語だが、彼は成功するセラピーでは何に取り組むのか、どのように進めていくのかについて、セラピストとクライエントの間に意識的で協働的で理性的な同意があるという事実に光を当てた。しかしながら、作業同盟または治療同盟はそれ自体が治療的である可能性があり、セラピストとクライエント間の特別な絆を示唆するとも見なされた。グリーンソン（Greenson, 1965 and in Jaffe, 2004）のような著者たちは、作業同盟は絆ばかりでなく課題要因とも関係することを強調している。ボーディン（Bordin, 1994）は、相互作用する絆と目標と課題を要素として治療同盟が形成される関係モデルを提案している。ジェルソとカーター（Gelso and Carter, 1984）は作業同盟を、クライエントの理性的な自己とセラピストの分析する自己との提携、つまり作業の展開を支えるようデザインされた提携とした。

　作業同盟は、治療結果に関する研究文献において重要な焦点であり続け、膨大な数の研究を生んでいる。マーティン（Martin, 1998, in Horvath and Bedi, 2002）は、1977 年から 1997 年の間に 1,405 の調査研究があることを明らかにした。1998 年から 2000 年までの間ではさらに 650 の研究があることが明らかにされている（Horvath and Bedi, 2002）。多くの研究では、作業同盟の構成概念を測定するための尺度やセラピーを通して進捗を追跡する尺度が開発されてきた。総じて、研究は心理療法における作業同盟の強さと結果要因の間に肯定的な関係があることを示唆している（Luborsky, 1994; Glass and Arnkoff, 2000; Martin et al., 2000)。研究はまた、セラピーの初期、例えば3から5セッションの間の作業同盟の確立が肯定的な結果を予測するという事実に注意を促している（Batchelor and Horvath, 1999; Horvath and Bedi, 2002）。作業同盟という構成概念が重要な関心や研究活動を惹きつけてきた一方で、いくつかの最近の展望（Safran and Muran, 2006）は、あらゆる関係は意識過程と無意識過程が混合したものとなるため、同盟要因をセラピー的な試みの別の側面と区別できるかどうかに疑問を呈し始めている。

55

人間対人間
または「リアルな」関係性

　ブーバー（Buber, 1923/1996）は、二人の人が互いに二人の人間として会い
meet、出会う encounter ときの、リアルな、あるいは核となる関係性として
の我-汝関係について語っている。それは二人の人の間の今ここにおけるリ
アルな出会いの感覚として特徴づけられる。この出会いのなかで、双方は他
者によって変化させられる。セラピストはこのような意味で変化のプロセス
のとても重要な部分となる。そのような出会いの本質は、相互性の感覚、他
者についてのアジェンダがないこと、つまり本質的に真正である「リアルな
出会い」に開かれていることである。そのような出会いは、双方がその関
係のなかで新たなことに開かれ、なんら画策がないときに自発的に起こる。
ブーバーは、我-それ（I–it）と我-汝（I–Thou）とを対比させた。我-そ
れ関係では、私は他者を距離をあけて立つモノとして見る。実存主義者は、
会うこととリアルな出会いの重要性を強調する。スピネッリ（Spinelli, 2007）
は実存的セラピーの焦点について、「治療的出会いのなかで、心理療法家と
クライエントの双方を包み込むような関係性を双方が実際に生きることを通
して、関係することそれ自体を表現する（…）通り道」（Spinelli, 2007:12）と
述べている。リアルな関係性の中心にあるのは、このような経験への開放性
である。
　トリューブ（Trüb, 1964）に準じてハイクナー（Hycner, 1993）は、セラピー
における「対話的-対人関係的」と「弁証法的-精神内界的」の間の二重の
強調について語っている。「対話的-対人関係的」は、関係することの即時
性を指す。純粋な開かれた出会いのなかで他者と会うこと、つまり我-汝の
出会いである。「弁証法的-精神内界的」は、クライエントの世界観を理解
し、変化を邪魔する要因の探索を視野に入れてクライエントの内的世界を共
同で探求することを指す。つまり我-それの出会いである。これは、リアル
な関係性のなかでの作業の契約と、さまざまな段階において適切であるよう

123

な作業同盟のなかで作業することの契約との対比を強調している。ハイクナー（Hycner, 1993）はこの緊張について、次のようにうまく述べている。「弁証法的−精神内界的な素材に注目することや、それらの葛藤を受容し探索することは常に緊張をはらむが、この側面を常に他者や世界一般との対話的・対人関係的関係性へと高めようとしているのである」（Hycner, 1993:74）。精神内界的な探求と効果的な対人関係の間のこのような微妙なバランスは、クライエントとの作業への関係的アプローチの核心を形成する。この両極に対して細心の注意を払うことで心理療法の実効性は促進される。

　私たちはここでまた、クライエントが出会いの瞬間の即時性に開かれていないときでさえ、セラピーにおける我−汝の出会いの瞬間と、セラピストが我−汝の関係的スタンスを維持することの重要性とを区別したい。クライエントは暗黙的なレベルで他者と出会いたいというセラピストの意欲を感じており、このことがセラピーにおいて重要な希望の源泉になると私たちは考えている。実際の我−汝の出会いの瞬間は、他者に出会うことへの受容性と準備性の雰囲気から生じる。それらは意志の力では予見することができず、また「作り出す」こともできない。むしろセラピストとクライエントがセラピーの作業に取り組んでいるときに「予期せず」生じてくるものなのである。私たちの見解では、我−汝のスタンスは「私は私でOK、私はあなたといるとOK」というエリック・バーンの概念に関係する。バーンは、クライエントと関係するセラピストには「私はOKである−あなたはOKである」の態度が不可欠と考えた。このことは生活のあらゆる領域で効果的に関係を築くために重要であると思われる。この態度は、クライエントに同意しないときでも、あるいはクライエントの行動を受け入れず是認しないときでも、セラピストとして喜んで他者に開かれていたいという気持ちをクライエントに伝えることができる。あらゆるセラピーの二者関係はそれぞれに異なっているし、クライエントは別のセラピストと同じ体験をすることはない。そして、「この特別な出会いが、クライエントの成長や新たな見方の発展に特に関連するような何をもたらすのか」という興味深い問いが出てくる。

　ここで持ち上がってくる問いは、リアルな人間対人間の関係性を促進するプロセスにおける自己開示の役割である。ヒューマニスティックセラピーにおいては、自己開示は長らくその仕事の一部として受け入れられてきたし、リアルな接触や変化を促進するものとして見られてきた。精神分析的セラピーにおいては、自己開示は転移の発展を妨害するとの理由で推奨されて

こなかった。私たちは三つのタイプの自己開示を区別する。ひとつは回避することができない明白なもの（例えばあなたの外見、アクセント、人種、性別、室内の家具の置き方といった類いのこと）、二つ目は、クライエントの素材について面接室であなたの反応とフィーリングを分かち合うこと（クライエントの話や行動のある面について、面接室で悲しみや退屈や怒りを分かち合うこと）、三つ目は、セラピーの「外」のあなたの生活状況や個人的な人生経験の側面を共有すること（あなたにも子どもがいるとか、あなたも人前で話すときは不安を感じることを分かち合う、といったことがこのカテゴリーに入る）である。自己開示がクライエントやあなたやセラピーの作業に影響を与えることを慎重に検討することなしに積極的な自己開示は推奨されない。本書の後のほうのポイント[01]でこの話題についてさらに熟考する。

---

01 ポイント90を参照。

56

転移と逆転移

　間主観性理論の視点からは、転移は、他者に関係する古い自己知覚によって形成された、人の「無意識的に組織化された活動」の現われであり、人の世界に関する主観的な知覚を無意識的に組織化する（Stolorow et al., 1994: 10）。セラピストは自分の生活史や自分の心理療法の知識基盤の影響を受け、それが翻ってクライエントとの治療プロセスでどのような素材を選ぶかに影響するだろう。私たちは自身の歴史から逃げることはできず、セラピストにとって重要なことはそれを自身の仕事に注意深く反映させることであり、自身のパターンやそれがどのようにセラピーの過程に悪影響を及ぼすかに注意することである。このような熟慮は、逆転移反応に細心の注意を向けることでもある。ストロロウら（Stolorow et al., 1994）が強調するのは、切り離せない関係性、クライエントの転移とセラピストの逆転移の間で働く「相補的な相互影響システム」である。オーガナイジング・プリンシプルの二つのセットは、二人の人物のやりとりが固有の相互作用を生み出す際に常に働いている。関係性の文脈では、一方のオーガナイジング・プリンシプルに注意を向けずに、もう一方のオーガナイジング・プリンシプルを理解することはできないのである。

　最初にやや古典的な転移と逆転移の定義を見てから、間主観性理論や自己心理学から提起された転移のモデルを振り返ってみたい。ライクロフト（Rycroft, 1979）は『精神分析学辞典 Critical Dictionary of Psychoanalysis』で、転移を「患者が人生上の以前の人物からフィーリングや考えなどを分析者に置き換えるプロセス」（p.168）と定義している。この意味では、患者／クライエントは過去のフィーリングを現在に置き換え、まるでセラピストが母親や父親や教師などであるかのように反応している。精神分析では当初、転移は治療を妨害する忌まわしい現象であると見ていた。しかし次第に、転移を扱うことは、このような投影された内的対象を解釈し、過去の関係性のパ

ターンから抜け出す機会を与えるプロセスの中心であると見なすようになった。ウィニコット（Winnicott, 1956:296）は、生後間もない剥奪では、自我が未だアイデンティティを確立していないがゆえに、偽りの自己の意識的な気づきはないだろうと指摘した。それゆえ分析家は、患者が抑圧してきたであろう怒り、悲しみ、恐怖などのフィーリングや他の情動を体験できるように、分析家自身が患者によって対象として使用されることを許容するのである。

　間主観性理論家は、「自己対象 selfobject」と「反復 repetitive」と呼ばれる二つの転移の次元を考えている（Stolorow and Atwood, 1992:25）。反復の次元は、過去に由来する非機能的なパターンを反復するよう他者をいざなうかもしれない。そして反復の次元は、現在のこの人は過去において他者がやったように反応するだろうという恐怖を表象する。自己対象の次元は、修復可能な新たな体験への欲求、現在における異なる関係的な反応への欲求を反映する。この両方の次元が常に治療関係に現れていると考える。もっとも、どちらか一方の次元がいつでも優先権を主張することがありうる。逆転移は、当初は効果的な治療を妨害するものと見なされ、分析家は自身の分析体験においてこの問題を徹底操作する必要があった。しかし次第に、逆転移はクライエントについての有用な情報源となる可能性があることが認められるようになった。ケースメント（Casement, 2002）は、言葉で痛みを表現できない患者が分析家に及ぼす影響の記述として、「衝撃 impact によるコミュニケーション」について語っている。「患者のなかには、セラピストにこの種の影響を与えることができる者がいる。それは、さもなくば語りえないことを伝えるために不可欠な方法である」（p.73）。この衝撃を許容することによって、セラピストはクライエントの人生初期の痛みを伴う関係性の体験を理解し始めることができるのである。

57

修復的または
発達的に必要な関係性

　すべての効果的なセラピーは、クライエントに新たな体験を提供するような修復的な次元を潜在的にもっている。セラピーは過去とは異なる関係をクライエントにもたらす。つまり受容の経験を通じて、そして抑圧され言葉にすることさえなかった過去の経験を探索する空間を通じて。主要な修復プロセスは関係性そのもののなかにあり、暗黙的な関係性のレベルで強力に作用する共感と調律の質を経験することのなかにある。クライエントは、過去の経験を統合し、新たな可能性を開くことを許容された安全な治療関係のなかで、新たなナラティヴを創造しながら、経験と関連するあらゆる感情を経験する機会を得る。言語レベルでの経験の象徴化は、セラピストの声のトーン、話すリズム、ボディランゲージ、姿勢によって伝えられる深い調律の感覚を伴う。これはダニエル・スターン（Stern, 1985:54）が「生気情動」と呼んだものと同種のものである。有効なセラピーにおける作業の多くは、言葉を超えたレベルで行われる。「セラピストは患者が表出した言葉を聴くのだが、同時にもうひとつのレベルでも聴いている。そのレベルとは、意識下のレベルでダイナミックに刻々と表れる感情的コミュニケーションを潜在的に処理する、経験と近接した主観的レベルである」(Schore, 2005)。

　クライエントに新たな可能性をはらむ新たなナラティヴの創造を促す際に、セラピストは変化のために、過去から繰り返されている固着パターンをクライエントが扱えるように積極的に助けようともする。先に示したように、効果的なセラピーは、自己知覚や人生観に変化をもたらす自己と世界についての外部の視点を入手する可能性を示し、過去のトラウマ的な出来事に挑戦する新たな経験を提供し、支持的な環境のなかで新たな行動を強化する機会をクライエントにもたらす。この意味で、あらゆる効果的なセラピーは修復的な面をもっている。

　私たちが、「発達的に必要な developmentally needed」という用語を使うと

き、上述したプロセスに部分的に言及しており、そのプロセスは、現在の、退行していない状態において、新たな経験を打ち立てる機会のことである。しかし「発達的に必要な」という用語で、クライエントが退行するプロセスや、発達歴のなかで失ってきたものを「親の代わりに」セラピストが直接与えるプロセスに言及する場合には、いくぶん異なる意味をもつ。交流分析には数年にわたる宿泊式の再養育という方法があり、それは慎重に契約されその人のニーズに合わせた退行期間を伴う。この再養育のプロセスはそこでの経験が処理され統合されるプログラムの文脈でなされ、クライエントは一人の人としてのセラピストに基づく新たに内在化された親の自我状態を発達させる（Schiff et al., 1975）。このようなプロセスには批判もある──クライエントに受容的な雰囲気のなかで過去の痛みを経験する機会をもたらし、この場所から動けるようにするよりも、セラピストが「満足を与える対象」となって、よりよい親になろうとしている、という批判である。これは明らかに、臨床的な可能性だけでなく、統合的心理療法家が探究し、熟考し、倫理を通して考えるべき、挑戦的で興味深い領域である。

　ここで、アレクサンダーとフレンチの用語である「修正情動体験 corrective emotional experience」の元の意味を明らかにすることも適切だろう。修正情動体験は再養育と等価ではないがいくらか類似点がある。換言すれば、現在における修復的な関係性を記述しているといえる。彼らが言うには、「基本的な治療原理は同じである。より好ましい環境の下で、過去において扱うことができなかった情動状態に再び直面させることである。患者は、救われるためには、過去に経験したトラウマの影響を修復するのに適した修正情動体験を経なければならない」(Alexander and French, 1946:66)。重要な問いは、「より好ましい環境」の意味するところである。彼らは、元の親の態度とは異なる態度を積極的に示すことによって転移の強度を下げる例を引用している。もし親が非常に権威的であったなら、セラピストは和やかに批判せず受容的になるかもしれない。しかるに一方で、親が親子の境界を作らず制限も与えていなければ、セラピストはこの点についてはより権威的で積極的な役割をとるかもしれない。この意味でクライエントは、現在において新たな経験を提供されるのである。「患者によっては、患者自身の自己批判的な超自我的反応と、分析家の許容的な態度との間の顕著な対比だけで、大きな成果がもたらされる」(Alexander and French, 1946:70)。この後者の言明が、発達的に必要とされる関係性にあてはまると考えることができる。

58

トランスパーソナルな関係性

　心理療法のプロセスに関するトランスパーソナルな観点の妥当性は、あらゆる経験が直接的に観察できるわけでなく、心理療法的な出会いの全体は（また他のどのような出会いも）部分の総和以上のものになるという認識のなかにある。この考え方は部分的には神経科学的な見地から理解され、それは感情の交流と右脳半球の結合に関係しているが、統合的心理療法において浮上するスピリチュアルなもののための何らかの余地も作っておきたい。ポイント 34 では、トランスパーソナルに関する豊かな伝統が数多くあること、文献の幅がますます広がりを見せていることに注意を促した。この文脈では、私たちはこれらの考えが心理療法過程にどのように現れるのかに関心がある。クライエントが提示する困難が心理学的なフォーミュレーションの範囲に分類される一方で、クライエントはより一般的なレベルで、しばしばある種の「断絶」の感覚を面接室に持ち込んでいる。彼らは自分自身よりもより広い何かとつながる方法を求め、宇宙との一体感を感じる方法を求めているように見える。ここまでは、その旅をスピリュチュアルな意味の探究として概念化できる。これは「超越的な transcending」人間関係という意味ではない。むしろ、その経験をより広い人間性と接続することによって、より深く私たちの交流を関係性それ自体のなかに基礎づけているのである。

　ウォール（Wahl, 1999）は、トランスパーソナルの文献がサイコロジカルとスピリチュアルを区別する傾向に批判的である。これは人工的で学術的な区別であり、クライエントと共にいることは、より統合的なサイコスピリチュアルなプロセスであると彼は述べている。そこで私たちはまだ知られていない多くのことに直面し、ブーバーの思想である「恩寵 grace」に直面する（Buber, 1923/1996）。私たちはコミュニケーションと接触のために自分自身を開くことができるが、そこで二人の人間の間に深い出会いが生じるとは言いきれない。逆説的に、未知なるものを受容することが、出会いのプロセ

スを支えるかもしれない。それはロジャーズ（Rogers, 1980）が述べた切実な言葉に示されている。「私が内的な直観的自己に最も近づくとき、私が自分のなかにある未知なるものにいくらか触れるとき、おそらく私が少しばかり変化した意識の状態にあるとき、そのときの私は何をするにしても癒しに満ちていることを見出した」（p.129）。このセラピストのプレゼンスの強調には、「十分に存在していることがすでに祝福である」（p.98）としてハイクナー（Hycner, 1993）も光を当てている。

　おそらくトランスパーソナルを最も直接的に痛切に引き出しているように思われる領域は、政治的な活動に基づく拷問や極限状況の犠牲者に対して行われた治療作業である。そのような状況は、心理学理論やそれと関連する実践を通しては俄かに組織化できないスケールの非人道なものやトラウマに私たちを直面させる。そのような仕事を専門にしているケイト・マグワイア（Maguire, 2001）は、次のような見解を示している。

　　拷問や極度の苦痛のなかで、人はその概念が未だ共有されていないがゆえに通常の言語では記述できない別の体験領域にさらされる。分離とは、その個人とセラピストが残酷に切断されたものを結びつける方法を模索する深い溝であり、人類が耳を傾けるならば、私たちの利益のためになされ、私たちの許へと戻るこの過酷な旅によって、人類はスピリチュアルに更新され、謙虚になることだろう。（p.135）

59

表象的な関係性

　表象的な関係性とは、あらゆる関係性の文脈的な性質と、文脈がセラピストに対するクライエントの知覚にどのように影響を与えるかを指す。ここでの問いは以下である——「このクライエントのセラピストとして、私は誰を、あるいは何を表象するか」。クライエントが私をどのように知覚するかは、クライエントの個人史だけでなく私たちが人間として共有する歴史からも大きく影響される。クライエントが私を権威として知覚しているとき、私の人としてのどの部分が演じられているだろうか。表象的な関係性の性質を考える際は、民族、文化、国民性、国家の歴史、ジェンダー、性的指向といった要因、出会いの文脈、それにまつわる期待を考慮する必要がある。それは、組織における私の立場、セラピストである私に関するクライエントの知覚に影響するかもしれない社会的、政治的な事件、私たちの出会いで明らかになるかもしれない社会階級や経済的地位によって、私がクライエントに表象するものである。私たちはその最初の出会いにおいて中立的な人間ではない。すぐに多くの要因が提示され、電話による最初の接触でもすでに何らかの要因が関係性のなかに侵入している。セラピー以前の転移 pretransference の概念がここでは重要となる。これは入手したヒントから出会う前にクライエントが作る心象であり、あなたを知る友人のコメントからのこともある。セラピー以前の転移には多くの情報源がある。クライエントは、あなたの名前、電話越しの声のトーンやアクセント、ウェブ検索からあなたのイメージを作るだろうし、出会いの前にクライエントが拾い上げたどんな手がかりもクライエントが形作る表象に影響しあなたのイメージを形成する。今では「グーグルであなたを調べたら……を見つけました」と言うクライエントは珍しくない。

　クライエントが、自らの知覚が含意することとそれが治療同盟にもつ意味を探求できるようにすることが重要である。私たちの経験では次のような事

例があった。最初の面接で、セラピストが白人の南アフリカ人であることがわかった黒人のクライエント。抑圧とアパルトヘイト政権を未だ表象する誰かと作業する自信がないと感じた。ドイツ人セラピストに紹介された年配のユダヤ人クライエント。先祖は無関係としてもホロコーストへの加担と結びつく人とどのように作業するのか自信がもてなかった。セラピストが黒人であると事前に知らずに予約をとった白人のクライエント。クライエントは白人である自分の経験を黒人のセラピストが理解できるか確信がもてなかった。「娘と同年代のようなセラピスト」に紹介された年配女性のクライエント。彼女は次のように言い足した。「あなたのような経験の浅い若者に助けてもらえるわけがない」。セラピストが最初の印象を慌てて否定し始めたり、投影された非難と思しきものを打ち消すべく自己正当化の根拠を挙げようとしても同盟の促進にはつながらない。ただ重大なアジェンダに蓋をするだけかクライエントがもう来なくなるだけである。オープンな探求はすでに治療的に豊かであり、セラピストにできることは、クライエントに将来的に実りある作業の基礎を提供するか、前向きなリファーのための建設的な基礎を提供することである。

PART6　統合的心理療法のプロセス

60

転移の扱いへのさまざまな見解

転移は精神分析に由来する概念である。ヒューマニスティックの見地から、クラークソン（Clarkson, 1992）とマッケウン（Mackewn, 1997）の二人は、転移への異なるアプローチを簡潔に要約しており、個別的なスタイルを発展させる統合的心理療法家のための非常に有用なチェックリストを作成している。この要約について解説する。

転移を許容する・誘発する・解消する

この選択肢は、通常は精神分析的な作業と結びついている。精神分析家は転移が発展するのを許容し、次いで解釈という手段によってそのプロセスについて作業する。積極的に転移を誘発するために、セラピストへのクライエントの反応について尋ねるセラピストもいる。転移を解消するために、セラピストはクライエントの転移の発展を許容し、「対象の使用」(Winnicott, 1968/1989) の段階にクライエントが移行できるようにする必要がある。その段階では、クライエントのセラピスト体験が現在へと投影された過去の経験という観点から徹底操作され解消可能になる。しかし、グリーンバーグ（Greenberg, 1999）が指摘するように、ここで別の種類の対象の使用が活動し始める。「分析家が新たな対象として経験されなければ分析は進行しない。分析家が古い対象として経験されなければ分析は決して終わらない」(p.143)。転移の徹底操作のプロセスには時間がかかり、通常は長期のセラピーに属する領域である。

今ここでの探索スタンスの維持

マッケウン（Mackewn, 1997）は、「探索的で現象学的なスタンスを採用することで、クライエントの反応を転移と見なすことも転移ではないと除外することもしない」(p.96) という選択肢を強調している。このプロセスにお

いては、クライエントの出来事への知覚を受け入れ、同時に現在においてどのような交流や文脈が反応を、つまり「現在における真正な反応」（p.96）を誘発していたのかについて探索するのである。このアプローチは、多くのゲシュタルト・セラピストによって採用されている。これは関係性における今ここでの焦点づけを意味し、マッケウン（Mackewn, 1997）が言うもうひとつの選択肢もここに含まれる。すなわち「クライエントかあなた（または双方）が、現在の出来事や人物を過去のレンズを通して見ているかもしれない可能性を共同で探索する」（p.96）選択肢である。このような選択肢はすべて「リアルな関係性」の発展を促進するだろう。

リアルな関係性を優先して転移を無視する・回避する・最小化する

先の選択肢と密接に関連するもうひとつの選択肢は、ゲシュタルト、実存、パーソンセンタードの各アプローチとも関連するが、有用な概念または作業の方法としては転移を無視して、面接室のなかで展開する今ここでの出会いに取り組むことである。私たちは皆、過去の経験に基づくオーガナイジング・プリンシプルをもっているので、転移を完全に無視するのは不可能であると考えている。しかし、現在のリアリティに言及し、議論をリアルな関係性に戻すことで転移を最小限にすることができる。このことは通常、セラピストの側の自己開示の形を伴うだろう。メアンズとクーパー（Mearns and Cooper, 2005）は、転移の概念に頼らずに関係性の深さで機能することの重要性を強調する。彼らは相互に分かち合うことを強調して次のように述べる。「治療関係のなかで、この段階の相互性がもたらす興味深い結果のひとつは、この水準の継続的なつながりにおいて、転移現象は全く見られないということである」（p.53）。彼らは、古典的な分析のなかで転移が扱われてきた方法は「相対的に表面的な関係性に基づいており、そのような関係性は、転移プロセスにある分析家が深い関係性の元での関与を積極的に妨害することで維持されている」（p.159）と述べる。セラピストの側からの共感とクライエントのために存在することの重要性を強調すると同時に、セラピストの応答性がクライエントの応答性によって成就することが出会いを共同創造するのである。これが、リアルな関係性に焦点を当て、転移を最小限にするか無視する理由である。

一時的に転移を妨げる

クラークソン（Clarkson, 1992）は、セッション中のクライエントが終了間際になると怒りや傷つきに支配されてしまうため、クライエントに時間制限を思い出させて大人の自我状態にいざなう必要があるような例について述べている。彼女が提示するもうひとつの例は、クライエントが子どものようなやり方で許しを請うているときに、セラピストが「子どもの要求」を満たしたくなる誘因を避けるために、またしてもクライエントの大人の自我状態に訴えてセラピストが親役割を拒否する場合である。こういった例は、セラピストが「古い対象」と同一視されないように、そしてセラピーのプロセスを再開できるようにクライエントを作業同盟に呼び戻す戦略を示唆している。セラピストが転移を妨げることに伴うリスクは、それが同盟の亀裂としてクライエントに経験されることである。

転移を置き換える

ゲシュタルト療法や交流分析の再決断療法のようないくつかのアプローチでは、二つの椅子のワークのような特異的な技法が、転移を置き換えるために使われたり、人の各部分の間の内的葛藤を際立たせる内的対話を外在化するために使われたりする。セラピー的な二者一組に転移を招き入れる代わりに、セラピストはクライエントに「ひとつの椅子には自分の親や上司や権威者を座らせ」「もうひとつの椅子には自分自身を座らせる」。そして、内的な対話を表面化させてそれに関連して取り込んだものを特定するような双方向の対話を開始する。このようにしてセラピストは転移を「置き換えdisplaces」、クライエントが投影したものを自分のものにするように奨励する。この技法は、クライエントが転移の性質に気づいているときはうまく作用するが、転移が初期の発達やいまだ明確に表現されていない経験の非言語的な側面に関係するときは、不適切であったり迫害的に経験されたりすることさえある。そのような場合クライエントは、セラピストと関連してこれらの転移的な感覚やフィーリングを経験することになり、その場合はセラピー関係のなかでそれらが直接扱われる必要があるだろう。

61

転移の反復次元と自己対象次元

　私たちは前に［ポイント56］、転移の「自己対象」次元と「反復」次元の間の相違に言及した（Stolorow and Atwood, 1992）。マリオン・トルピンはこの二つの転移について、自己心理学の学説をもとに、自己対象次元を「成長する端 growing edge または先端 leading edge」、反復次元を「引きずる端（後端）trailing edge」と名づけた（Tolpin, 2002:167）。彼女は、クライエントとの作業のなかでこれらの両次元に等しく気づく必要があることを強く確信している。彼女はこのような転移の前方の端を、「無意識の深みに未だ残る健康な子ども時代の発達の転移であるが、とはいえそれは弱々しい〈蔓〉のような形で、妨害に遭い、発育不全で、潰されていたりする」（p.168）と定義する。これらの奮闘する蔓を、私たちはその出現と成長において支える必要がある。このようにして、発達的な成熟に向かう衝動を蘇らせることができる。「自己対象」次元において、クライエントは発達のプロセスのなかで調律されなかった鏡映 mirroring、理想化 idealizing、双子 twinship 自己対象ニーズ（Kohut, 1984）の認識をセラピストに期待する。そして心理療法家の持続的な共感を内在化することによって、子ども時代から途絶されている自己対象を癒す。反復次元は、特にクライエントの過去の満たされなかった体験と結びついている場合、中核的対人関係スキーマと彼らの脚本に接続されている。転移に関するこの観点は、クライエントは過去の関係性を現在へと移し替えるという伝統的な転移の見方に近い。

　これら二つの転移の側面は常に揺れ動いているので、その時々により一方が前面に出て他方が背面に退いている。それゆえセラピストは、介入の際にその両方を「尊重する」ことが重要となる。例えば、「あなたは今日のセッションに来たくなかったと言いますが、それでもここにいることにエネルギーを注がれていましたね」「あなたが今日来られたとき、私がいつものようにあなたに微笑みかけなかったことに腹を立てているのはもっともなこと

だと思います。そのことで私が理解したのは、あなたが部屋に入ってきたときのように、私があなたに友好的に挨拶するのがいかに重要かということです」「前回のセッションで私があなたの心に関心をもっていないように経験されたので、あなたがひどく動揺して腹を立てているのはわかります。このことを今日言葉にしてくれたのは私にとって本当に重要なことです。私たちはそのことを話し合えると信じています」「あなたは自分を助けることに興味はないと言いますが、それでもセラピストのオフィスにいますね。だから何があなたをここに来させたのだろうとあれこれ思いめぐらせているのです」。このようにして転移の両方の側面が認識される。それは人の反応システムにおいて両方が重要だからである。心理療法家がクライエントを理解していると知覚されているとき、自己対象の次元が優勢になるだろう。人が対人相互作用のなかで「理解されなかった」とか、同じ気持ちではないと感じるときは、反復の側面がより優勢になるだろう。こういった理由で、セラピストは治療同盟の亀裂の際に起こることに注意を払い、そのような出来事を取り扱う創造的な方法を身につけることが非常に重要である。この話題は後のポイントでより十分に取り扱う。

62

関係性の
暗黙的レベルと明示的レベル

　クライエントとの毎回の対人交流には、明示的な言語でのやりとりと暗黙的な非言語でのやりとりが含まれている。ボストン変化プロセス研究グループ（Boston Change Process Study Group, 2008）は、これら二つの交流の領域として「暗黙的領域 implicit domain」と「リフレクティヴ－言語的領域 reflective-verbal domain」の用語を使うことを選んだ（p.125）。彼らは、重要な他者との交流のなかで、非－意識的レベルで獲得された関係性の知に適用される手続き的な表象の形式として、「暗黙的な関係性の知」または「他者と一緒にいる方法についての知 knowing how to be with another」（p.128）に言及している。そのような「知」は象徴的に符号化されることは決してなく、感情的でもあり認知的でもあり、そして「概して、言語に翻訳されることなく、注意の焦点や意識的な経験の外側で働いている」（p.128）と彼らは強調している。言語的領域において、私たちは経験したことを象徴的に言語に翻訳し、経験に意味を与えるナラティヴを作り出す。これが示唆するのは、暗黙的な知は生涯にわたり続くプロセスであり、私たちが前言語的な時期から保持している手続き記憶にのみ関係するわけではないということである。この暗黙的な関係性の知は、たいていは非意識的なレベルで私たちの関係スタイルに影響を与えるだろう。しかしながら、ある文化から別の文化に移動するときや、暗黙的な「ルールと手続き」が私たちの文化とは異なっている場合、私たちは突然、私たちの関係性の知の性質に気づくようになる。暗黙的やりとりと明示的やりとりの間には重大な不一致があるのである。

　ゲシュタルト療法や他の身体プロセス療法における身体への気づきのワークは、そのような不一致に気づきをもたらし、意識的には気づいていないが人生の十全な享受を妨げているかもしれないニーズや情動や経験の領域を浮上させるために、その不一致の意味を探索することに焦点を当てる。ゲシュタルトで中心となるのは、環境のなかで他者との接触や撤退を通して動

くクライエントの独特なスタイルへの焦点化である。ゲシュタルト療法家は、クライエントの周囲の世界との接触を調整するスタイルに影響される明示的な言語的手がかりや暗黙的な身体的手がかりを、そしてスムーズな関係プロセスの流れを分断したり妨害したりする存在を、注意深く観察するだろう。「習慣的な接触スタイルは……人が過去において何らかの理由であまりにも扱いにくくて受け入れられなかったニーズやフィーリングを、否認したり置き換えたりする固定化した行動パターンを維持させる可能性がある」(Mackewn, 1997:105-106)。セラピストは、身体的気づきの喚起に焦点化することを通して、クライエントがこれまで抑え込み言葉にしなかった欲求、ニーズ、フィーリングの浮上を徐々に助ける。それがクライエントの人生において幅広く創造的な選択を促進するのである。

63

無意識の共同創造
または「分析的第三者」

　関係的無意識の概念は、心理療法への二人称アプローチの中核である。関係的無意識は、「分析的第三者 analytic third」として現代の関係精神分析の多くの文献のなかで言及されている。ガーソン（Gerson, 2004）は、関係的無意識は二人の人間の間の何らかの関係性の基盤となる部分であるとの見解をとっている。それは二者関係の相互作用によって共同で構築され、両者の主観的経験のプロセスの進展に次々と影響を与える。

　　　間主観性や関係的無意識は、人々が互いの希望や恐れを意識することなくコミュニケートし、そうすることで相互に調整された隠蔽と個々の主観の認識や表現の探求に応じた関係を構築するプロセスとして考えたほうがよい。(Garson, 2004:83)

　オグデン（Ogden, T. H., 1999）は、面接室のなかで起こる三つの主観性について論じている。それは、「分析家」「被分析者」「分析的第三者」である。この分析的第三者は、セラピストにもクライエントにも属さず、しかし同時にどちらにも属する。
　転移と逆転移のプロセスは、共有された無意識のプロセスのなかで密接に絡み合う。そのため、面接室のなかの「誰かに属していること」と、面接室のなかのどちらにも属していることとを分けることがひとつの課題となる。私たちは治療的な交流のなかで、不安な気持ちに気づくかもしれないし、このクライエントについていくばくかの不安があることを認めるかもしれない。しかしその後、クライエントもまた出会いの親密さについて不安を抑え込んできたがゆえに、面接室のなかで二人の間で不安が共同創造されるということがあるかもしれない。このプロセスの多くが意識的な気づきの外側で起こるときに難題が浮かび上がる。もし私たちが逆転移の反応を省みるなら、対

141

話のなかで出てこなかったアジェンダに面接室のなかで十分気づくかもしれない。このアジェンダは抑圧された素材が表面に出てきたような形をとっているかもしれないし、これまでクライエントによって言葉化されてこなかった素材を表象しているのかもしれない。関係的無意識や「分析的第三者」からの素材は、エナクトメントを表面化させるかもしれない。エナクトメントという用語は、面接室において共有され共同創造されるそのプロセスの性質を強調するために用いられる。エナクトメントは、「行動化 acting out」という用語が通常はかなり好ましくない劇的な行動を想起させ、そのような行動が常に共同創造されていることを認めないのとは対照的である。治療プロセスが行き詰まり、進むべき道筋が見つかりそうに思えないとき、エナクトメントは治療的な袋小路や膠着を適切に知らせてくれることがある。治療同盟に亀裂があるなど、この第三の空間が損なわれているときは、セラピーを続ける前に注意が必要となる。エナクトメントや治療の行き詰まりに関する文献のなかでは、分析的第三者の概念はこのように使われる。ガーソン（Gerson, 2004）は、分析空間を指すものとして分析的第三者の用語を使う。それは対話のために共有された空間であり、「相互認識に基づくリフレクティヴ的空間」をもたらし、セラピーを可能にする心的空間の特性である（p.78）。私たちはこの「治療空間」の共同創造を効果的な作業同盟の核心であると見ている。そしてこれを、ゲシュタルト療法における対話の核心としてハイクナー（Hycner, 1993）が言及したブーバー（Buber, 1923/1996）の「あいだ the between」の概念と同様であると考える。

　「発達的第三者 the developmental third」は、共有されたリフレクティヴ空間に入るための能力の前駆体であり、フォナギーら（Fonagy et al., 2004）によって記述されたメンタライゼーションのプロセスにおける子どもの発達的里程標である。ライト（Wright, 1991）は、子どもが母親の目のなかに映し出された自分自身の視点に依存するところから、外側の、つまり父親の観点（または、私たちが見たところでは母−子という二人組の外側にある重要な他者）から「第三者」の観点を獲得することに移行する発達プロセスを概観している。このプロセスでは、子どもは外側から、つまり別の観点から自身の観点を発展させ始める。このプロセスは、他者がどのように自分を見ているかを理解するのを助け、別の観察者から同時に起こるかもしれないナラティヴの多様性の理解に徐々に導く。これは人が徐々に多角的な世界観を獲得し、違いを認めるようになるプロセスである。もしこういったリフレクションある

いはメンタライゼーションの能力が初期の関係トラウマによって損なわれるならば、人は他者や自分が他者に与える影響を見極めることに悪戦苦闘することになるだろう。

「文化的第三者 cultural third」は、セラピーの二人組の外側、それを越えたところに存在する。つまりこれは、しばしば気づきの外側から、のみならずたびたび強力に二人組の出会いを包み込み、その出会いに影響を与える「第三性 thirdness」である。私たちはこれを、より広い分野に存在する文化的、政治的、社会的な力に言及したものとみている。例えば、子ども時代の性的虐待や家庭内暴力のような問題への意識の向上や公共の場での対話の高まりによって、今やその影響を受けた人が以前よりもはるかに容易に多くのサービスにつながることができるようになった。私たちはセラピー室に特定の文化的背景や民族的背景を持ち込む。違いが明らかであれば、背景の違いに注意が払われ扱われるかもしれない。しかし表面的な類似点がある場合は、経験の個人差にもかかわらず特定の文化的な思い込みがセラピストやクライエントによって当たり前と考えられてしまう。心理療法の文化はまた、私たちとクライエントのいる面接室のプロセスに影響を与える。心理療法への西洋的アプローチもまたその文化的バイアスを批判されてきた。ラゴとトンプソン（Lago and Thompson, 1996）によれば、西洋的な「セラピーによる成長のプロセスとは、否定的な影響があると知覚された親や家族やコミュニティの影響を捨て去るか取り除くかすることである」（p.78）。

64

互恵的な相互作用
二者心理学

　私たちがこれまで概説してきたことは、関係交流の文脈での二者心理学の
重要性の強調である。そこでは二者双方ともに他者から完全に分離できると
は考えられていない。このことは、一者心理学は重要ではないという意味で
はなく、自己、他者、そして相互作用的な調節を強調するセラピー作業の文
脈において重要なのは二者間の緊張であるということである。トレヴァーセ
ン（Trevarthen, 1993, 2001）は特に、韻律的コミュニケーションプロセスの
互恵的交流に基づく前言語的な間主観性を前提条件としており、それは他の
研究者や著者（Beebe et al., 2005）からも認められ支持される立場である。こ
のプロセスはある種の「マッチング」反応以上のものであるという発想が重
要である。マッチングはポジティブな感情状態でもネガティブな感情状態で
もいずれの文脈でも起こりうる。調査研究は、母親と乳幼児の間のネガティ
ブ感情のある種のマッチングに光を当てている。例えば抑うつ的な母親が
赤ん坊と関わる場合（例えば Fields et al., 1990）、マッチングが資質を段階的
に向上させる（Beebe, 2000）場合などである。ダニエル・スターンの情動調
律に関する仕事（Stern, 1985a）は、母親と乳幼児の間の交差様式のコミュニ
ケーションの重要性と共に、調律における動揺 perturbation の役割とその発
達における重要性も論証している。
　乳幼児の調査研究から導かれた発達のこのような発想の重要性を考慮に入
れると、こうした考え方が統合的心理療法のプロセスと直結する方法を考え
る必要がある。第一に、調律の失敗に基づく乳幼児期の経験もしくはコミュ
ニケーションの不適切なマッチングが、セラピストとクライエント間の現在
の経験を通して見極められるような治療セッティングのなかでは、線型的時
間の概念は保留する必要がある。このような経験の多くが非言語的な性質を
もつことを考慮すると、臨床セッティングのなかで即座に特定されることは
ないように思われる。なぜなら、こういった相互作用はセラピストとクライ

エントの間で無意識的に共同 - 構築される可能性が高いからである。しかしながら、調律と調律の失敗のプロセスに細心の注意を払うことで、現在におけるより新しくより助けとなる関係形態の共同 - 構築だけでなく、慎重なリフレクションに関連する領域にも光を当てることができる。けれども、重要なのは、セラピストとクライエントの双方が相互調節活動に関与していて、つながりと差異の緊張に絶えず折り合いをつけているという認識である。

65

統合的心理療法における
時間の概念

「時間」の問題には多くの異なる方法でアプローチすることができる。ま
ず、すでに強調したように、マイケル・ジェイコブスの言う「現前する過去
the presenting past」（Jacobs, M., 1986）を重視し、治療的な取り組みの際は線
形的時間の概念を保留するという問題がある。セラピーに持ち込まれた問題
は以前の経験から生じている可能性があり、セラピストと一緒にいる部屋で
何らかの形で顕在化する可能性が高く、セラピスト自身もその人生において
そのような困難について知っている共同－構築プロセスを通して現れるかも
しれない、という仮説である。現在の出会いの探索を通して、現在において
古いパターンに変化をもたらす交流や方法の機微を見分けることができるよ
うになる。これまでのポイントの多くでは、そのような観点をとることによ
る癒しの可能性とその複雑さの双方を明らかにしてきた。

時間の問題へのまた別のアプローチは、治療に要する期間の見込みや「短
期」治療と「長期」治療の区別と関連する。こういった問題は経費の考慮や
待機者リストの管理に基づき「短期的」なアプローチを推進する傾向がある
現代の政治風土に特にあてはまる。「どの程度の期間が適当か」の問題は研
究論文において重要な焦点であるが、さまざまな提唱者がさまざまな立場
を主張している（関連する問題の優れたレビューとして Barkham, 2007 を参照）。
特定のヘルスケア環境では常に実施できるとは限らないことは承知の上で、
私たち自身が好む立場は、時間と資金に関連する制約のなかで、現在の問題
への最善のアプローチをクライエントと協働して探索することである（Elton
Wilson, 1996 も参照）。重要なのは、癒しが起こるためには一定の長さの時間
が必要であるとか、さもなくば達成できることへの過度に楽観的な態度など、
特定の学派の仲間内で広く流布している前提を避けることである。私たちの
経験では、実践家とクライエント双方が創造的な方法でその難題に取り組む
ならば、多くのことを比較的短期間に達成することができる。

66

インクルージョン
セラピーのプロセス目標

　心理療法の中核的なプロセス目標は「インクルージョン」というブーバーの概念（Buber, 1923/1996）にとてもうまく表現されている。インクルージョンとは、私たち自身の経験に根差したままでいる能力と他者の世界に参入しその世界に敏感である能力を同時に発達させるプロセスである。この能力によって私たちは、私たちが他者に与える影響と他者が私たちに与える影響を評価し気づくことができ、他の人と私たちの知覚の仕方の違いを正しく認識することができる。この概念は心理療法への現代の対話的アプローチによって取り上げられ詳述されてきた。ハイクナーは、「インクルージョンとは、私自身の経験の中心にいたままで他の側へ行くことができる、行きつ戻りつする動きのことである」（Hycner, 1993:20）と説明している。このような関係性のプロセスにおけるメタ－システム的な観点により、セラピストは（やがてクライエントも）文脈的な要因に気を配りながら、相手と一緒にいるプロセスのなかの自己を見ることができる。私たちはこれを、セラピストにとって重要な関係的スキルであるだけでなく、セラピーにおけるクライエントのためのプロセス目標であると理解している。「具体的な〈癒し〉の関係は、患者が〈インクルージョン〉を実行し、医師の立場からもその出来事の経験について考え、それに成功した瞬間に終結に向かうと思われる」（Buber, 1923/1996:167）。

　インクルージョンという概念は、フォナギーら（Fonagy et al., 2002）が「自己や他者の心的状態を心に描くことができる能力」（p.23）として記述した「メンタライゼーション」と「リフレクティヴ機能」の概念と関係があると私たちは考えている。本質的に、メンタライゼーションやリフレクティヴ機能は、心の理論を発達させ、他者は精神的、情動的機能において私とは違うことを理解する能力を指す。リフレクティヴ機能を働かせる能力は、インクルージョンを実践するための重要な前提条件である。インクルージョンは私

自身が機能していることに確固たる感覚をもつように私に要求する一方で、異なる他者の感覚に入り込み、理解することを私に要求する。機能不全は、主体としての自己、つまり自分の経験の「私」と、他者の経験を自分とは異なるものとして他者の観点から理解する必要のある「私」との間の緊張を保てないことから生じる。フォナギーら（Fonagy et al., 2004:200）は、ある人が自分がそう体験したという理由だけで自身の内的体験が外的現実と一致していると思い込む過程を記述するのに「心的等価」の用語を使う。この状態では、相反する証拠を考慮に入れることもなければ自分の経験が他者の経験と一致しない可能性を受け入れることもない。それゆえインクルージョンできなくなっているのである。

67

トラウマへの統合的アプローチ

　トラウマの理解と対処への統合的アプローチでは、身体的プロセス、心理的プロセス、幼少期から獲得されてきた調節パターンの観点から見た初期の関係プロセスの役割、さらにセラピストとクライエントの現在の関係性への焦点化が必要となる可能性がある。それゆえ、クライエントとセラピストの間だけではなく、両者の内部にある多数の明示的プロセスと暗黙的プロセスが重要な検討事項として浮上するのである。先に概略を述べたように、初期のアタッチメント体験は、治療の場で演じられる方法としてだけでなく、クライエントの確立された調節パターンを洞察する手段としても理解することが重要になるだろう。セラピストとクライエントの間の関係交流によってもたらされる新たな調節パターンの確立もまた重視されることになるだろう。

　協働的な態度は、クライエントが治療プロセスにおいて力を与えられたと感じられることを保証する。これは、トラウマ体験の絶望感や無力感にはない重要な要素である。協働は、変化の可能性を伝えながら、個人の主体性を直ちにその枠組みのなかにもたらす。同時に、私たちは多くのクライエントがトラウマ体験によって身体に何が起こるかについての重要な情報にアクセスしたことがないだろうと考えており、人間の「耐性の窓」(Siegal, 1999) や極端な生理学的覚醒の影響についての重要な情報を分かち合う手段として、適切な心理教育の実施を勧めている。私たちの経験では、そのような情報をクライエントは歓迎する。というのも、そういった情報は、彼らが示す多くの反応をノーマライズする重要な効果があるからである。

　アセスメントは上記のすべての側面を考慮する必要があるが、私たちは、パッケージ化されたアプローチや特定の様式のアプローチの提供よりも、クライエントが示す特定の問題に基づく慎重な治療的対応の必要性を提唱したい。例えば、自動車事故に由来するトラウマ症状を示しているが安定したアタッチメント履歴をもつクライエントに採用されるアプローチは、人生初期

の混乱したアタッチメントや深刻な調節不全の経験によって引き起こされた自傷に対するアプローチとは大きく異なるものとなる（これらの問題の詳細についてはこれまでのポイントを参照のこと）。このことは、適切な知識と経験の習得という点で統合的心理療法家に課題をもたらすが、私たちの立場は、現代の研究とそれに関連する治療的活動の概念化に基づく最先端の情報を使って仕事をしたいという願望に根差している。

68

治療同盟の亀裂
研究と臨床的展望

　サフラン（Safran, 1993）は、治療的対話を分析するなかで特定した三つの
タイプの治療同盟の亀裂を記述している。

1 患者は出来事を解釈する患者自身の方法に沿ってセラピストが言うこ
　とを誤解する。つまり患者は、独自の中核的対人関係スキーマ、ある
　いは関係性に関する基本的なものの見方と合致するようにセラピスト
　の反応を解釈している。例えば、たいていの人が援助的と感じる介入
　を脅威として体験することがある。

2 その患者特有の関係操作の方法の一部である「非機能的な認知的対
　人関係サイクル」にセラピストが加担する。この場合、セラピスト
　と患者はミスコミュニケーションの「悪循環 vicious cycle」（Goldfried,
　1995b）もしくは交流分析で「ゲーム」（Berne, 1961）と呼ばれるもの
　に巻き込まれている。そのような相互作用サイクルは、自己永続的で
　反復的な性質をもち、その人のネガティブな自己評価を強化する傾向
　にある。

3 セラピストがそのようなネガティブな非機能的パターンへの加担を拒
　絶し、事実上そのゲームへの「誘い invitation」を拒絶する。患者は
　誤解されたと感じるかもしれない。というのは、彼女の中核的対人関
　係スキーマと合致するいつもの「期待通りの」反応を受け取れないか
　らである。

　こうした亀裂のすべてのタイプにおいて、クライエントの傷ついたフィー
リングや感情に関する対話に厭わずに入っていくことが癒しのプロセスに
とって重要である。調律の失敗や共感の失敗といった用語がこのような亀裂
のプロセスを記述するために代替的に使われている。その修復のプロセスは

クライエントを深いところで動かし癒すことだろう。ビービーとラックマン（Beebe and Lachmann, 2002）は、幼児と養育者の関係性を参考にしながら、成人の治療における顕著な特徴である前象徴的内在化の三つの原理を確認している。すなわち、相互作用的制御と自己制御の統合、混乱と修復の原理、高められた感情的モーメント（pp.143-184）[02] である。彼らは「標準的な関係の切断」か通常の関係で起こる軽度のミスマッチかを区別し、期待違反を伴うかどうかを問わない。こういったことは母親－幼児の二者関係のなかでよく見られ、すぐに修復されるものである。より重篤な亀裂は深刻な期待違反につながり、傷つきや絶望を回避する方法としてその後も持続する自己防御スキーマの確立につながることがある。ストロロウとアトウッド（Stolorow and Atwood, 1992）は、この種の失敗はセラピストとクライエントのオーガナイジング・プリンシプルが一致していないために、セラピストがクライエントの観点を適切に理解することができないときに起こりがちであると指摘している。私たちは、一般的にセラピストが関係がもたらす損失についての自分の見解に固執しているときに亀裂が生起すると考えている。サフランとムーラン（Safran and Muran, 2000）は、この領域において「治療的行き詰まりを、克服すべき障害ではなく患者の関係スキーマに入る窓と見なすこと」（p.85）への重要な概念の転換があると指摘している。この見解には、ケースメント（Casement, 2002）が「失敗から学ぶ」ことに傾倒したこととある種の共鳴がみられる [03]。

---

02 ビービーとラックマン（Beebe and Lachmann, 2002）によると、①母子の相互作用のなかで乳幼児が自己の覚醒度や内的状態を調整する自己制御と、母子間の動きが双方向に調整される相互作用的制御を統合すること、②これらの制御がうまくいかず関係性が断裂し続いて修復すること、③以上のことがオーガナイズされると高められた感情的モーメントが起こる、というプロセスを辿って内的な体験プロセスがオーガナイズされるという（安村直己（2016）. 共感と自己愛の心理臨床——コフート理論から現代自己心理学まで. 創元社を参照）。

03 ポイント 93 を参照。

69

研究者としての統合的心理療法家

　好奇心あふれるまなざしをもってアプローチすることが本書で概説された仕事の鍵である。役に立つ実践家は、最新の研究を活用し、独自の概念化と独自の実践を発展させることで最新の研究に応えていく必要があるというのが私たちの見解である。この観点から見ると、私たちの実践家としての発達は進行中で変化の途上にあり、うまくいけばクライエントへのアプローチを確実に新鮮なものにするだろう。実践に資するために最新の研究を活用することとは別に、私たちはこれまで以上に研究と実践のより大きな統合を支持するだろう（O'Brien and Houston, 2007; Cooper, 2008 を参照）。私たちの見解では、能力のある心理療法家と研究者は、多くの重要なスキル、とりわけ「批判的な主観性 critical subjectivity」と「創造的な無関心 creative indifference」の態度を潜在的に共有している。その態度を通して、クライエントの問題への潜在的な反応や潜在的な問いかけの領域が申し分なくアセスメントされる。そして、知識の発展だけでなく、クライエントへの最善のサービスとなりうる反応が特定されるのである。最近の政治的な風潮では、臨床家には自分たちの心理療法的アプローチが効果的かつ有用であることを証明することへの重圧がのしかかっている。私たちは現在、治療活動の潜在的な領域が献身的な研究に確実に反映されるように、より多くの努力が払われているのを目の当たりにしている。すべての臨床家がこのような発展の一翼を担えるよう奨励したいと思う。

70

独自の統合スタイルの開発

　私たちの哲学の基礎にあるのは、統合的心理療法家はそれぞれが統合的な実践のための独自の枠組みを開発することが重要であるという信念である。ある心理療法家が統合的心理療法家としていかに実践するかは、その人の背景、パーソナリティ、治療的スタイル、理論的枠組みと矛盾しないものである必要がある。統合的心理療法家の数と同じくらい多くの統合のスタイルがあると私たちは主張している。同時に、まとまりのある理論的な統合モデルと、この定式化に適合しクライエントのニーズに合う方略や技法の適用に細心の注意を向けること、その両方の発展に厳しい注意を向けることを支持している。私たちはこれまでのいくつかのポイントのなかで、すべての統合的心理療法家がおそらく知っていて、かなりの程度忠実に従っていると思われる、数多のセラピーの共通要因や共通原理を強調した。しかしながら、特定のセラピストが特定のクライエントに対応する方法や、このプロセスを振り返ることが治療結果に影響を与えるかもしれないことの重要性にも注目した。したがって、クライエント／セラピストの相互作用ごとに、その詳細について独自の言葉でアセスメントする必要があるのである。私たちは「統合は、セラピーのもうひとつのブランドになることに乗っ取られてはならない。厳密に何を統合するのか、どう振る舞うかに関する厳格なルールはない」（p.3）と述べたオブライエンとヒューストン（O'Brien and Houston, 2007）に同意する。このような見解は、ひとつの治療様式への焦点化を維持している同僚のグループの関心とはいささか相容れないものの、挑戦的な実践家が特定のアプローチの心地よいゾーンから外に出るとき、クライエントにより良いサービスを提供できる可能性があると私たちは信じている。

PART7
統合的心理療法のための技法と戦略

71

関係性をめぐる暗黙の知
自己調節と相互作用的調節を扱う

　先述のポイントからもわかるように、セラピストとクライエントの間で生じることの多くは暗黙の体験レベルで生起している。このことは、関係交流に関する神経科学的な解明によって部分的には説明が可能である。例えばミラーニューロンの働きであるとか右脳から右脳へ[01]のコミュニケーションプロセスであるというように、である。このプロセスを通して、特定の形式の調整過程につながるその特定の二者関係の内で、それぞれが相手に影響を及ぼすのである。重要な交流は意識的な言語的交流を基本としているわけではない。つまり、私たちの仕事は「トーキングキュア」ではなく「コミュニケーションキュア」であるということが心理療法家にとって重要な課題なのである。スターンは、セラピー場面のなかでこういったコミュニケーションプロセスを研究することや、先述した乳幼児研究から推論を行うことに特に関心を抱いていた（Stern and The Boston Change Process Study Group, 2003）。彼はセラピストとクライエントの間主観的なマトリックスにおける「適応的な発振器 adaptive oscillators」[02]の重要性を強調している。彼はこれについて、「さまざまな筋肉群を同期するために、外部にあるものと同調できいつでもリセットできる小さな時計のようなもの」（p.24）と表現している。このように、セラピストとクライエントが携わるのはスターンが「心理−動物行動学」の一形態と呼ぶ深く身体に根差したプロセスである。このプロセスに関わるということは、何よりもまず暗黙の関係交流という考えをセラピストが受け入れなければならないことを意味し、心理療法のトレーニングの多くの形態がセラピストにコントロール可能と思われる言語的交流を強調している

01　左脳の言語機能を介さないことを意味していると思われる。

02　周期性をもつ持続的な振動を発生させる装置。火花発振器などもあるが、普通は一定の周期波形をもつ電気信号を、トランジスタ、真空管などの電気回路素子を用いて発生させるものをいう。［ブリタニカ国際百科事典］

ことからも、これは至難の業であると思われる。暗黙のプロセスを扱う際は、自発的交流、即興、共同創造というほぼコントロール不能なプロセスにおける治療的二者関係を必然的に伴う。

この間主観的な交流は、スターンが言うところの「今のモーメント now moment」によって中断されることが多いが（Stern, 2004）、治療活動の中核に位置し、過去の体験に由来する拘束的もしくは硬直的な関係様式を乗り越える機会を提供するものであり、それは母親と赤ちゃんの間の健康で安全な愛着的交流を反映するものであると考えることができる。ショア（Schore, 2003b）によれば、相互パターンはセラピストとクライエントの間で共鳴し始める。ショアはまた、セラピーは相互の投影同一化の共同－構築の場と見なすことができると指摘している（Schore, 1994, 2003b）。スターンは彼の臨床事例（Stern, 2004）のなかで、ある精神分析的心理療法のクライエントが、カウチに横たわるとセラピストが見えないことに不満を感じるようになったことについて述べている。セラピーが開始されて2年近くも過ぎたあるとき、クライエントはこのことで明らかな苛立ちを見せ、すっくと起き上がり、振り向いてセラピストの目を見つめた。お互い見つめあったまま、長い沈黙の時が過ぎた。セラピストが突如「ハロー」と言ったことでその沈黙は破られた。セラピストにはどのように、またどうして自分がこの言葉を発したのかがわからなかった。それは思わず口にした言葉だった。それ以来セラピーのトーンは明らかに変化した。そのひとときから、セラピストが自分の味方であることがどのようにわかったかをクライエントが報告するまでそう時間はかからなかった。ビービーとラックマン（Beebe and Lachmann, 2002）もまた、幼児研究の幅広い分野に見られるこの相互作用的で共同－調節的なプロセスのよい事例をいくつか提示している。フリッツ・パールズの即興性やゲシュタルト療法の伝統からもまた多くを学ぶことができる（Perls et al., 1951/1994）。私たちは、このような働きかけを求める心理療法家のトレーナーおよびスーパーヴァイザーとしての経験から、セラピストが理論や役割からより気楽に離れてクライエントが持ち込むものにより自発的に反応できるようになるには、ある程度の経験とスーパーヴァイザーのサポートが必要であることに気づいた。これは何でもありということを意味しているのではなく、むしろ治療プロセスの即興的な性質を一つの重要な理論的で臨床的な考え方として受け入れ、それと共にセラピーを行うということである。

72

無意識過程と
未構成の経験を扱う

　ストロロウとアトウッド（Stolorow and Atwood, 1992）は、無意識の精神過程の相互に関連する三つの領域について解説している。

1　前リフレクティヴ無意識 *prereflective unconscious*／個人の体験を無意識のうちに形作り主題化するオーガナイジング・プリンシプル
2　力動的無意識 *dynamic unconscious*／必要とされるつながりを脅かすものとして知覚されたために言葉化 articulation を拒否された体験
3　未承認の無意識 *unvalidated unconscious*／環境からの必要な応答がないために言葉化され得なかった体験（p.33）

　前リフレクティヴ無意識について、私たちのオーガナイジング・プリンシプルは、より意識的な世界に対処する方法の学習からだけでなく、親のモデリングや行動に由来する暗黙の関係性の知からも生じる。このオーガナイジング・プリンシプルは、意識的な気づきの水準の下で人や出来事の知覚を形成するために働いている。ストロロウとアトウッドは分析家の「是認的で共感的な問いかけ sustained empathic enquiry」（Stolorow and Atwood, 1992: 33）を通じて行う「探索活動」が、こういった原理を表面化させ、振り返らせ、また変化させることを可能にする一つの手段であると強調している。交流分析における「汚染された思考 contaminated thinking」に対処するプロセスや認知行動療法における「不合理な信念」に直面化させるプロセスは、そういった思い込みを一旦気づきの領域に上げて立ち向かう方法であると私たちは考えている。しかしながら、まずはあなたと一緒にいる面接室のクライエントの反応について共感的に尋ねる必要があるかもしれない。あるいはクライエントの人生のなかの人々について共感的に尋ねる必要があるかもしれない。そうすることで、この不変のオーガナイジング・プリンシプルへのクラ

イェントの気づきが綿密に精査され、新たな行動へと開かれるようになる。

　力動的無意識とは、周囲の大人にとって受け入れがたくまた重要な人物への愛着を脅かすために抑圧された、性的な、エディプス的な、あるいは攻撃的な破壊衝動の古典的な抑圧プロセスを意味する。ストロロウとアトウッド（Stolorow and Atwood, 1992）は、力動的無意識は主に抵抗の分析を通じて変容できると主張する。患者の転移における期待と怖れ、すなわち患者の愛情や強い願望は、もともとの状況でも同様に否定的でトラウマをもたらす反応に出くわしたかもしれないことをセラピストが探索するにつれて、癒しのプロセスがゆっくりと生起するのである。なぜなら、「以前は患者の体験が隔離されていた区域が、隠された場所から明るみに出され、統合されていくことで、安全なゾーンが次第に広がっていく」（p.34）からである。私たちはここに、まずは共感的な問いかけを行い、それから徐々に解釈を導入することの妥当性を見ることができる。なぜなら、クライエントがより一層受容されていると感じ、以前は所有できなかった体験の諸側面を所有できるようになるからである。

　未承認の無意識は、言葉によって未だに表現されたことがない非－意識の体験の領域である。ストロロウとアトウッド（Stolorow and Atwood, 1992）は、この領域は深刻な発達上の逸脱を抱えたクライエントには特に重要であると考えている。なぜなら、彼らは知覚的・感情的な体験、つまり彼らの主観的な世界の領域を言葉にする機会を与えられなかったかもしれないからである。ストロロウらは、この無意識の側面が治療関係における自己対象転移のなかで顕在化すると見ている。未承認の無意識の領域は、ボラス（Bollas, 1991）が未思考の知 unthought known として語ったものであると私たちは確信している。「この言葉にされていない要素は未思考の知である。つまり、患者は何かを知っているが、それについてまだ考えることができないのである」（p.235）。セラピストはあたかも母親のように、特定の体験に対して特定の言葉を見つけるようにクライエントをサポートする。ボラスはこれについて次のようにつけ加えた。「分析家は、共有された知の領域 area of shared knowing に関しては、自分が体験していることを通して自分自身をより直接的に使う必要があると私は思う」（p.235）。クライエントはいつか、知っていることの向こう側に存在するものを知り、ついにはそれが知られることが可能となり、その結果忘れることも心理的な統合も可能になることを望んでいるとボラスは考えている。このプロセスは「患者による特別な種類の深い沈

黙を通して、あるいは思考が可能となるように内的な体験を押し出すように患者が奮闘することを通して成し遂げられる」（p.246）のかもしれない。

　ゲシュタルトの気づきの技法が、未承認の無意識過程の未思考の知に言葉を見出だせるように、どのようにクライエントを徐々にサポートしているかも理解できる。ダニエル・スターン（Stern, 1983）もまた、「未構成の経験 unformulated experience」（p.71）という用語を用いて無意識のこのレベルについて語っている。このレベルの経験は、これまで言葉で表現されたことがなく、自伝的な記憶としては利用できないが、手続き記憶のなかには貯蔵されている。こういった経験は、混乱、障害、慣れ親しんだ混沌として、自己についての目新しい発見をもたらすものとして治療的な出会いのなかで浮上するかもしれない。人々は、新奇さや不意を突かれることへの恐れのために「未構成の経験」という言葉遣いに対し防衛するかもしれない。人として、私たちは未知の世界に挑むよりも、慣れ親しんだものに落ち着きたいと望むかもしれない。

73

共感的問いかけと共感的共鳴
承認が解釈に先行する

　共感はパーソンセンタードアプローチと自己心理学の核心である。しかし、統合の領域においても共感は良好な治療同盟の構築にとってきわめて重要であると広く認識されている。共感には、クライエントが世界をどのように体験しているのかをセラピストが感じとり、入り込み、その体験の理解を伝え、対応するプロセスが伴う。それは単なる技法というよりもむしろ「クライエントと関わる存在のあり方 a way-of-being-in-relation to client」（Mearns and Thorne, 1988:41）を指す。コフート（Kohut, 1978）は、内省と共感は心理学的観察にとってきわめて本質的な構成要素であると語った。彼は内省と共感によってのみ利用可能となる情報、つまり思考、願望、フィーリング、ファンタジー、不安を精神分析が扱う領域と見なしていた（Mollon, 2001）。患者の視点から一貫して現象を検証するというこの立場から、たとえば自己対象転移といった洞察が生まれたのである。私たちは通常、何らかの共通体験の発見を通じて他者を心理的に理解することができる。コフートによれば、分析家とは「クライエントに共鳴した体験に対して、その直後に行う冷静な吟味に戻る力を失う」ことなく「一時的に自分自身をクライエントの精神状態に完全に共感的に没頭させる者」である（Kohut, 1990:87）。こうした仕方で、共感的問いかけと共感的共鳴はセラピストにクライエントの心のプロセスの価値ある理解をもたらす。コフートはまた「代理的内省 vicarious introspection」という用語も使う（Kohut, 1984:82）。「コフートにとって精神分析的治癒の本質は、成熟した自己－対象との共感的な接触によって徐々に構造が獲得されていくことである。これは、治療の理解段階に続く説明に伴って起こる」（Lee and Martin, 1991:116）。コフートによる共感の中心的役割の強調は、解釈を優先する古典的精神分析家への挑戦であったが、ヒューマニスティックな伝統を携えたセラピストにとっては何ら驚くべきことではない。
　コフート（Kohut, 1977）による精神分析段階の記述方法は、脆弱な自己プ

ロセスを持つクライエントと関わる私たちすべてにとって興味深いものである。彼はまず共感的共鳴を用いるように勧める。それによりクライエントは理解されたと感じることができる。そうなってはじめて、クライエントの内的世界で作用している特定の力動的要因の解釈の場が生まれる。この意味で、説明や解釈に先立ってクライエントに承認と理解を伝える必要がある。コフートは、クライエントによっては、力動論的解釈や発生論的解釈がその人にとって有益にあるいは成功裏に処理できるように、長期間の理解段階を経るよう助言している。プロセスの初期段階では、発達が阻害されていたかもしれない自己構造の構築を促進し、その人が解釈を処理し統合できるような位置にその人の自己をまとめあげていくのである。

74

共感的調律

　私たちは、セラピストがクライエントに共感的に調律することの重要性を強調してきた。共感的調律は最優先事項であり、治療同盟の発展を支えるものであり、さらにそれ自体が潜在的な治癒要因であるためである。数々の研究文献は共感的調律と治療成果の因果関係を一貫して示してきた（役立つレビューとして Bohart et al., 2002 を参照）。そこで、二者関係においてどうすればこのプロセスは最善の形で進むのかという疑問が浮かぶ。これまで見てきたように、暗黙の関係交流はこのプロセスにおいて非常に重要である。身体に根差したコミュニケーションは、セラピストとクライエントの言語的交流に必ずしも反映されない。共感的体験は、セラピストがクライエントの皮膚の内側に入り込むだけでなく、関係性の皮膚の内側に入り込むこと（O'Hara,1984）を伴うため、共感的体験を形成するものは複雑となる。これは、一見共感的に見えないセラピストがむしろ共感的である場合もあることを意味する。例えば、クライエントの感情状態に気づいてコメントすることが侵入的になるような場合である。私たちは皆、そういう状況を経験している。特に、自分の情動を特定することができず、情動が意識的体験からはるか彼方にあるようなクライエントの場合である。こういった条件下では、セラピストは感受性を研ぎ澄まし、唐突に「私にはあなたがどれほど悲しんでいるかわかります」といった応答をしないようにする必要がある。そういった応答は、クライエントがそのようなフィーリングを実際に意識的に体験できないことを際立たせてしまう結果になるからである。

　このような複雑性を考えると、セラピストは自分の身体に根差した反応を潜在的に「十分」であると自信を持ち、セラピストの身体に根差した反応が実際にいつもそうであるようにクライエントに受け取られるだろうと信じることが重要である。このプロセスは、学生を二人一組にしてクライエントに対する非言語的な反応を練習する一連のエクササイズを通して教育すること

ができる。二人一組で「クライエント役」になった方は、情緒的に困難で苦しい状況について考えるように指示され、「セラピスト役」の正面に静かに座ってそのことをただ感じるように指示される。「セラピスト役」はこの沈黙のなかで自分の身体に起こることを感じ、音か身振りで反応するように指示される。一般的にどのペアも、感じ取られたことの正確さと、何ら言語的な内容に基づく交流なしに共感を伝えることができるこの非常に印象的なエクササイズに驚く。この種の練習は、自信を養うと同時に、セラピストの任務は「言葉よりも体験を理解することである」(Bohart et al., 2002:102) という認識を培うことにも役立つ。

75

セクシュアリティ、ジェンダーアイデンティティ、性的指向

「男性」と「女性」、「男らしさ」と「女らしさ」という考えは、生物学的な実体と社会的に構成された言説 discourse[03] の双方を指す。私たちは強力にジェンダー化された社会に住んでいる。そこでは、人を社会と文脈から切り離すことは困難であり、自己および他者の性別化 sexualization が支配的な役割を果たしている（Foucault, 1981）。この領域には権力 power への問いを考慮に入れずに取り組むこともまた困難である（O'Reilly Bryne and Colgan McCarthy, 1999）。セラピーの分野では多くの著者がセクシュアリティを二元的に捉えないことの重要性を指摘しており、そうすることでフロイトのエディプス・コンプレックスの概念に端を発するやや単純化されすぎた考え方に挑戦している（例えば Benjamin, 1995）。私たちは、権力の力学と抑圧への気づきが一層大きくなった時代に生きている。それは、クライエントと共にいる面接室のなかでも不当な権力行使が行われうるとの認識に基づく専門的ガイドラインにも反映されている（例えば American Psychological Association, 2000）。医学モデルの文脈における「機能障害」の社会的構築物としての性質や「自我違和的同性愛 ego-dystonic homosexuality」がアメリカ心理学会の精神障害リストから削除されたのが 1973 年になってからであるという事実について振り返ってみることにも価値があるだろう（Wilson, 1993）。こういったすべての要因は心理療法家に対して重要な課題を突きつけている。私たちの統合的な枠組みの見解では、その課題を、異なる観点を保持しつつ、その観点の間の緊張をマネジメントすることであると捉えている。

　セラピストとクライエントのマッチングにしばしば生じる懸念のひとつに、レズビアンやゲイやバイセクシャルのクライエントは同じ性的指向のセラピ

03「書かれたり言われたりしたこと」およびその総体。ミシェル・フーコーは性をはじめさまざまなテーマに沿って言説と知と権力の関係を探究した。

ストとの方がうまくいくのだろうかというものがある。これについてはそうかもしれないとの仮説を支持するエビデンスもあるが（King et al., 2007）、こういったデータは、セラピストの性的指向とは別に、セラピーに持ち込まれた特定の問題や、その問題に共感するセラピストの能力といったより複雑な要因を反映しているのかもしれない。これもまたセラピーにおいて最も役立つ要因に関して、レズビアン、ゲイ、バイセクシュアルのクライエントの意見を求めた研究によって検証されている（Burckell and Goldfried, 2006）。こういった問題を扱うためには、セラピストが自分自身の態度や価値観を省察する能力が要求され、それはより無意識の体験の領域に潜むものである場合も、社会的な構築物に支えられたものである場合もある。治療的な空間で展開する間主観的な枠組みのなかでは、性的な素材を扱う際にはクライエントとセラピスト双方に喚起されるものを非常に注意深く吟味する必要がある。この点で私たちは、セラピストがそのような問題を率直に議論し、異なる意見を受け取ることができる優れたスーパーヴィジョンを利用できることが不可欠であると考えている。

76

身体に気づく技法

　私たちは身体化された表現の重要性について強調してきた。そして体験の多くの側面は意識的なリフレクションには利用できないということも事実である。私たちの身体は、探索されている問題にとって重要で妥当な情報とメッセージを伝える。セラピストの視点から言えば、自分の身体感覚への気づきは、クライエントに対する重要な逆転移反応の合図となるように思われる。その身体感覚は部分的にはセラピスト自身の体験に関連する問題を示しているのかもしれないが、間主観的な観点では通常はクライエントの問題にも関係している。身体のプロセスを扱うときは、それがより認知的な「防衛」を迂回する強力な手段となりうるため、繊細に、長期間をかけて蓄積されたクライエントの適応的な対処を尊重しながらの活用を心がけることが重要である。しかしながら、スターンの言う「生気情動」（Stern, 2003）を思い起こせば、身体に気づく技法は強い活性化をもたらすものであり、その活用はまた転移や治癒の意味においても非常に強力である。

　身体に気づく技法の土台は現象学的な気づきの練習である。クライエントの呼吸の状態はどうか。クライエントの呼吸は深いか浅いか。クライエントの呼吸は特定の問題を話すときに変化するか。クライエントの筋肉の緊張はどうなっているか。顔の筋肉や体の別の部位に変化はあるか。突然現れる特定の身振りはあるか。何らかの動作はあるか。起こって然るべき動作が起こらないことはあるか。こういったことすべてにセラピストの注意深い観察が必要とされ、同様にその観察をどう使うかにも繊細な判断が必要とされる。オグデンら（Ogden, P. et al., 2006）は、活動傾向と、トラウマ体験がその傾向を中断させる方法について述べている。セラピストはそのような中断された傾向に気を配り、それを現在において「完了」させる方法を考える必要がある。心理療法へのゲシュタルトアプローチはこういった問題の議論に尽力し適切な技法の特定にも重要な貢献をしてきた。例えばケプナー（Kepner,

167

1987）は、クライエントが身体的な体験をより敏感に取り戻し、それによって以前はあいまいだった身体が担うものの理解を援助できる多くの方法をレビューしている。ジョイスとシルズ（Joyce and Sills, 2001）も身体に気づく技法の優れたレビューを提供している。この二人は、身体的な気づきの高揚、ワークを活性化する方法、姿勢の調整に注目する、クライエントが解離に陥ったときのグラウンディング[04]の練習、そして、身体の部位から話す、身体表現による怒りの表出、現在の意識に十分のぼっていない身体からのメッセージを解読するといったさまざまなカタルシス技法を取り上げて、治療上の重要な示唆をレビューしている。

---

04 身体心理療法家アレクサンダー・ローエンが開発したバイオエナジェティックスの概念。身体・心・精神の安定性を確立するプロセスと考えられている。「今、この瞬間の、地に足のついた感覚」を指す言葉。

77

治療的介入の概観

　このポイントでは、例えば、共感、共感的調律、自己開示の活用といった別のポイントで議論した事柄に加えて、治療的な選択肢の範囲について手短にレビューする。議論の基礎として、私たちはバーン（Berne, 1966）によって入念に作成されたリストを参照する。また、臨床家としての私たち自身の経験も参考にしたい。バーンは彼の議論全体を通して、クライエントへの援助よりも、自分を有能と感じたいというセラピストのニーズを満足させることを目的とした介入は成功しないだろうと警告している。このポイントはこの分野の多くの著者のおかげであるが、とりわけハーガデンとシルズ（Hargaden and Sills, 2002）、スピネッリ（Spinelli, 2007）を参照した。

質問、または現象学的問いかけの活用

　アセスメントの段階ではクライエントから特定の情報を得る必要があるため、直接的な質問が役に立つ。「健康上の理由で何らかの治療を受けていますか」「これまでにセラピーを受けたことはありますか」。現象学的な問いかけをより巧みに使うことで、クライエントが現時点ではあまり気づいていない体験の領域が開けてくる。「そう話すことであなたは何を体験していますか」「体のどこが緊張していると感じますか」「この体験を話していて何か思い浮かぶイメージはありますか」

直面化

　直面化を効果的に使えば、以前は喚起されていたけれども今は回避され抑制されている特定の情報にクライエントが気づくようになる。バーン（Berne, 1966）が指摘するように、直面化の目的は、矛盾に注意を促してクライエントの大人の自我状態がその矛盾を処理できるようにすることである。直面化はクライエントを強く揺り動かし、不安定にして、精神的エネルギー

の開放に至る。バーンは、洞察に満ちた笑いは効果的な直面化に伴って現れることが多いと指摘している。「あなたは悲しみを感じたことがないと話されましたが、息子さんの事故について話してくださったとき、とても動揺なさったことをよく覚えています」。良好な治療同盟によって支えられ偽りのない交流の形をとるとき、直面化は最も効果的である。

説明

説明は通常、すでに喚起された素材の精緻化を伴い、セラピストの知識を利用することでクライエントに新たなものの見方／説明をもたらすことができる。「子どもの頃に、あなたは叱られるのを避けるために、決して主導権をとらないと決めました。そして、それは役に立ちました。しかし、幼い頃に決意したその生き延びるための戦略は、現在、大人になったあなたが必要とするものを手に入れるのを妨げています」。可能な限り簡潔な説明を心がけ、説明過剰にならないようにすることが重要である。説明の目的は、自己と他者との関係における機能不全のパターンに気づくために、理解されてきたことを強化することである。

例示

逸話や直喩や比較は、特にクライエントが新たに学習したことを強化したり、直面化後の安定化を助けたりするときに役に立つことがある。例示によって、自分の体験は特別でも「奇妙」でもなく人間に共通する状態であるとクライエントは気づく。「それは、ウサギがカメになりたいこともある！みたいなことでしょうか」。ある特定のポイントやプロセスの理解を容易にする方法として物語を使うこともできる。映画や芸術、テレビ番組や文学作品などあらゆるものをここで使うことができる。

確証

確証によりセラピストは、新たな気づきを裏づける類似の経験にクライエントの注意を向けることで、直面化の結果を補強することができる。これはクライエントの隠れた側面を明るみに出すことになるため、羞恥心が芽生えないようそれとなく行われる必要がある。確証の意図はクライエントの大人の自我状態につながることであり、クライエントを再トラウマ化しないような配慮が求められる。「あなたが自分の好みを友人に包み隠さず話していた

こと、自分のことをもっと考慮しようとし続けていることに気がつきました」

解釈

解釈が成功すると、クライエントは感情的・認知的レベルの理解を獲得し、これまで分割していた心の部分の統合を助ける効果がある。解釈は「押しつける」のではなく「提案する」のが重要である。そうすることで、クライエントは自分に合うものを吸収する一手段としてその素材を処理し、関わることができる。バーン（Berne, 1966）が指摘するように、セラピストの課題はその人のなかにある分割を維持している歪みをクライエントが「解読」し、修正できるように援助することである。そのため、解釈は仮説として提供され、大人の自我によって処理され、新生自己を支える新たなナラティヴに統合されるようにすることが重要である。

結晶化

これはクライエントの立場表明であり、これまで探索してきたプロセスを包み込み、そのクライエントの選択の概略を述べた要約である。クライエントが別の生き方への期待に胸を躍らせつつ未来に向けて新たな選択を下すときに、置き去りにしたものに注意を向ける方法である。結晶化 crystallization は「若干の不安な気持ちと、おそらく郷愁」として受け取られるかもしれない。「なぜならそれは、古いやり方を永久に捨て去り、未だ馴染みのない、十分に試されていない新たな何かに挑戦することを意味しているからである」(Berne, 1966:246)

171

78

感情が高まる瞬間
即興性と自発性に働きかける

　ビービーとラックマン（Beebe and Lachmann, 2002）は、セラピーの過程で感情が高まる瞬間（モーメント）の重要性を強調し、それが幼児の発達と対応することに注意を促した。彼らは高められたモーメントを、身体的な覚醒の高揚に伴って表情や声が十分に表出された瞬間であると定義している。彼らはこういったモーメントがレジリエンス[05]の精神構造を構築するひとつの手段になると考えている。彼らは一定の頻度で生じるものもめったに起こらないものも同様にモーメントと呼ぶ。「感情的に過剰になったモーメントを組織化する力は……、類似の体験をカテゴリーに分けたり予想したりする幼児の能力と、高められた感情そのもののインパクトから引き出される」（p.170）。対照的に、彼らはネガティブな感情的モーメントは研究が示唆するように実際に記憶を阻害することがあると指摘している。高められた感情的モーメントは、ポジティブなものならば崩壊 disruption の修復に役立つ。崩壊と修復の継起において感情はポジティブからネガティブへと変容し、そしてポジティブへと戻る。亀裂の経験が繰り返されると、子どもによっては修復は起こらないという予期を植えつけられてしまうかもしれない。これは治療的出会いにおいても反復される。ビービーとラックマン（Beebe and Lachmann, 2002）は、これらの経験がいかに密接な仕方で身体状態に結びついているかを指摘している。この意味では、「身体的な亀裂の経験は、相互調節が自己調節の維持に不十分である場合と定義できよう」（p.177）。心理療法では、こうした亀裂の経験はクライエントの身体言語と身体経験によって明らかとなるだろう。セラピストはちょっとした身体の変化に警戒が必要である。表情、姿勢、身体の動き、話し方の変化などは、内的な状態の手がかりとなるかもしれない。そのような変化に気づき、喚起された感覚を扱うこと

---

05 心理学の用語で、不利な状況において自身を適応させる個人の能力を指す。

で、「失われた」経験に声を与え、修復的な会話の機会を提供することにより、クライエントをうまく支援できるかもしれない。ゲシュタルトの身体的な気づき技法と共感的調律はこの修復過程に貢献できるだろう。人事なことは、セラピストが防衛的にならず、このプロセスにおける自分の役割を否定せずに、クライエントが承認されていないと感じないようにすることである。

　出会いにおける我−汝の瞬間 I-Thou moments（Buber, 1923/1996; Hychner, 1993）の描写は、ここで述べたことと一致するように思える。ハイクナー（Hychner, 1993）は対話型ゲシュタルト療法の観点から、彼が考える変化のプロセスの核心は、人の「純粋な出会い」であると語る。ここで強調されるのは、事前に演出できない二人の人間の出会いの固有性である。そういった瞬間は出会いに対する高められた感情的モーメントであり、しばしばセラピーにおける変化の瞬間を特徴づけるものである。ハイクナーは、セラピストがクライエントのプロセスにオープンでいられるように、「技法は関係性の文脈から生じなければならない」（Hycner, 1993:57）と指摘している。彼はセラピストを、十分な技術訓練を受けてはいるが、その場でも臨機応変に演奏できる有能な即興ジャズミュージシャンになぞらえた。こういった出会いの重要なモーメントには、訓練された心理療法家の自発性と即座に反応する能力が要求される。セラピストがそういったモーメントに備える態度を発達させることができる特定の方法がある。例えば、前提を一時棚上げにすること、クライエントを注意深く追跡 tracking すること、驚きへの感性を養うこと、そして出会いの瞬間に起こることへの驚きに心を開くことである（Hycner, 1993）。

　リングストロム（Ringstrom, 2001）は自己心理学の分野から、類似したプロセスに注目している。彼は即興演劇のメタファーを用いて、セラピーにおける「即興の瞬間」は「患者に特別で真正な瞬間の実例を必然的に伝達する。それが、まがいものが蔓延した患者の人生の破滅的な現実を首尾よく解毒するかもしれない」（p.727）と述べている。良好な即興においては、セラピストの介入とクライエントの本物の自己体験との間にフィット感がある。そういった介入はクライエントが望んでやまない承認体験を提供する。そういった即興の瞬間は、何時間にも及ぶセラピーで獲得されたクライエントのプロセスに関するセラピストの深い知から湧き上がる。そして、明示的、暗黙的なレベルのコミュニケーションに時間を費やして生まれた深いレベルの接触が供給する「見識ある直観」の結果である。そのため、そのような介入を意

173

識的に「リハーサル」することはできない。それらは他者に対するあなたの
蓄積された知識から、今ここでの出会いの瞬間に湧き上がるものである。

79

転移において
コフートの自己対象の次元を扱う

　コフート（Kohut, 1992）は自己愛的なクライエントと関わりながら、こういった人たちはセラピストを一人の独立した存在ではなくあたかもクライエント自身の延長であるかのように扱う傾向があることに気づいた。彼はこのプロセスを、幼少期の自己対象ニーズを満たすことができず、その結果、太古的な自己対象 archaic self objects に固執し愛着を持つに至ったことに関連づけた。コフートが「変容性内在化 transmuting internalization」（Kohut, 1971, 1992:49）と呼ぶ、安定した自己感覚を形作る重要なプロセスを通じて時間の経過と共に特定の機能を果たすことを可能ならしめる早期のニーズを幼児が満たされなかった場合に、このパターンが現れる。前述のように、コフートは三つの異なる自己対象あるいは関係ニーズを定義している。鏡映（ミラーリング）のニーズ、理想化のニーズ、双子化のニーズである（Kohut, 1984:202-204）。この三つのニーズについてはトルピン（Tolpin, 1997）が詳しく説明している。ミラーリングのニーズについてトルピンは、「子どもの自己は、生き生きとして目を輝かせながら関わりミラーリングする親を積極的に求め、それを期待する。そういう親に対し、〈私を見て、私がやれることを褒めて、拍手して〉と言っている」(p.5)。これは子どもの受容と理解のニーズを反映している。子どもの自己の部分にはまた、賞賛できる（理想化された）親を尊敬し、他者から自己が高められる体験をしたいというニーズがある。例えば、「あなたはすばらしい、あなた自身も、あなたがすることもすばらしい。あなたは私のもので私もあなたのもの、だから私もすばらしい」(p.5)。それから、「同類性、帰属意識、同胞性——双子／分身体験——を求め、期待する」子どもの自己の部分がある。それによって子どもは平等に、あるいは他者と同じように受け入れられる感覚を確認できる (p.5)。これらのニーズはその後、敵対的自己対象ニーズ（Wolf, 1988）を含めることで大幅に追加され拡張された。それは、慈悲深く粘り強い他者と対決し、そ

175

PART7　統合的心理療法のための技法と戦略

の対決を生き延びるというニーズを示している。コフート（Kohut, 1984）は、自己対象体験のニーズは成熟した自己対象ニーズとして成人してからも継続すると考える。つまり、私たちは自己の感覚を肯定し支持するために他者を必要とし続け、私たち自身のためにこの機能を提供し続けるのである。

　コフートは、共感の失敗をセラピーのプロセスにおいて不可避の部分とみなしている。つまり、セラピストはときに調律に失敗し、クライエントを見失う。このプロセスで重要なのは、受容的で共感的な関係におけるそのような失敗は、クライエントが情動的な反応を声にして出す機会であるということである。そこでセラピストは、クライエントに報復したり見捨てたりすることなく、クライエントの戸惑いや怒りを認め苦悩を表現する機会を提供する。このプロセスはクライエントに、変容性内在化のプロセスによって今後の失敗の際に自分自身を支える内的なリソースを徐々に育成することを促す。このようにして、クライエントは過去の欠損を「癒し」、より報われる関係に関わる機会を現在において持つことになるのである。

80

ナラティヴ・アプローチとして「脚本」を扱う

　エリック・バーンの脚本分析の概念は、子どものときに自分の人生を意味づけるために各自が創り上げるライフストーリーや「脚本」を扱うナラティヴ・アプローチである。「脚本とは、幼少期に親からのプレッシャーの下で形成された進行中の人生計画である」(Berne, 1972:32)。子どもは、親やその他の権威的人物によって課せられた要求に応じて脚本を決定するとバーンは考えている。しかし、子どもは自分の人生を理解する基本として、架空のストーリー（私たちが日々聞かされたり曝されたりしているテレビ、歌、詩、コンピューターゲーム、映画などのストーリー）を活用することにおいても創造的である。脚本ストーリーには、自分の人生に起こる出来事に意味を与えること、つまり本質的な意味生成 meaning-making 機能の供給という目的がある。子ども時代全般を通じて脚本は徐々に発展して精巧になり、ストーリーが始まる早期成人期まで洗練されていく。脚本形成に及ぶ影響の多くは、行動や態度で子どもたちに伝えられる非言語的な暗黙のメッセージであることは明白である。これらは子どもの自己体験に影響を及ぼし、自分自身や他者、世界の見方として浸透していく。そして、それは脚本のなかに内包されるナラティヴの創造に影響を及ぼす。

　重要な他者との体験、つまり「中核的対人関係スキーマ」(Beitman, 1992)を基本として、子どもの内的世界を構成する関係性の内在化された表象はナラティヴの重要な核を形成する。通常の発達過程では、こういった内在化された関係地図やスキーマは、新たな体験に直面するごとに更新されるだろう。しかし、幼少期にトラウマ的な条件下で構築された脚本の強力な基盤は、大人になってからも意識的な気づきを得ることなしにその人にかなりの影響を及ぼし続けることがわかっている。それゆえ、私たちの臨床実践においては、中核となるナラティヴや「脚本」の出現に注意を向け続けることが役に立つことがわかった。それはクライエントの人生についての情報をもたらし、セ

PART7　統合的心理療法のための技法と戦略

177

ラピーにおいて扱うことができる「テーマ」を提供するのである。人が自分の人生の出来事を語り、関心事について述べるというセラピーのプロセスにおいて、通常このストーリーはまったく自然に出現するであろう。もし、あなたがこの脚本を扱うとするならば、それは彼らにとって重要な、その人版のストーリーであり、その人の人生のメタファーとして十分に理解することが重要である。なぜなら、子どもはストーリーの諸相を自分の状況にフィットするように変えて、自分の人生に意味を与えるだろうからである。脚本理論は、脚本のテーマの限定された諸相からクライエントを開放するために、創造的に活用することができる心理療法のナラティヴアプローチである。新たなナラティヴを創造すると、制限的な信念、固着した反復行動、そしてずいぶん前から役に立たなくなっていた過去に獲得した生き残り戦略から、人は自分自身を解き放つことができる。

統合的心理療法 100のポイントと技法

178

81

解離を扱う
可能な戦略

　解離の扱いは複雑な領域であり、ポイント 38 で解説したように解離の三つのレベルすべてが対象となる。このプロセスにおいて重要なのは、クライエントが重大な体験について筋の通った対話ができるよう、感覚、フィーリング、記憶を徐々に再統合することである。安定した治療同盟が存在する安全な場所で解離は徐々に顕在化する。そして、通常は解離された記憶や隔離された自我状態は自然に現れ始める。身体に気づく技法は、クライエントの耐性の限界を超えないペースをクライエントと慎重に話し合った上で用いることができる。身体に気づく技法は、クライエントがフェルトセンスを使って解離された体験を回復できるように、身体のさまざまな部分への気づき、つまりそれらの気づきのための「声」や場所を与えるといった焦点化を伴う。クライエントが「意識を失う」モーメントに気づき、解離の直前に体験したことを特定するよう遡っていくこともまた役に立つ。このようにして、解離の引き金となるものは次第に特定可能となり、締め出されていた感情に徐々に気づくことができるようになる。オグデンら（Ogden, P. et al., 2006）が指摘するように、目的は内的統制の所在[06]を取り戻すことである。そのために、セラピストとクライエントは最初に「気づき、追跡し、観察し、考慮し、翻訳し、凍結の行動傾向を実験する」ために協働する（p.172）。クライエントは受動的に従うのではなく、意識的に選択し、より適応的な行動を起こすようサポートされる。

　クライエントが解離状態と再びつながり、トラウマを再体験し始めると、圧倒される感覚を抱き始めることがある。その場合は、圧倒される感覚の強度が次第に弱くなり落ち着くまで、クライエントは身体感覚にフォーカスす

06　internal locus of control: ある出来事が起きた原因を自分の内部に置くか外部に置くかについての傾向を「統制の所在 locus of control」と呼ぶ。内部に置く傾向を持つ場合は内的統制型 internal locus of control と呼ばれる。

るよう引き戻される。そうすることでのみ、クライエントがトラウマ的な出来事のナラティヴに戻ることを支えることができる。この漸進的で段階的なプロセスを経て、クライエントはトラウマ体験を徐々に同化し、解離を起こす必要性がなくなる。オグデンら（Ogden, P. et al., 2006）は、治療の三つの段階のアウトラインを述べている。第1段階は、引き金の認知や身体的な気づきの促進によって耐性の窓の内部で覚醒を維持するようクライエントを援助することである。第2段階では、統合を失い解離していた記憶の断片に取り組むことでクライエントは制御感覚 sense of mastery を獲得できる。第3段階には、本質的に身体は敵ではなく味方であることを確信するプロセスと、統合を達成するプロセスが伴う（pp.186-187）。身体への気づきはすべての段階を通じて強調されるので、クライエントは次第に身体反応を理解することへの自信を獲得するようになるだろう。

ヴァン・デル・ハートら（Van der Hart et al., 2006）は、解離性同一症に見られるいくつかの解離されたパーソナリティ部分を持つ構造性解離を扱うために、入念に練られた治療アウトラインを開発した。この著者たちは、三つの明確な治療段階について略述している。それは、解離された部分への恐怖症を克服する、記憶への恐怖症を克服する、そしてパーソナリティの統合と普通の生活に対する恐怖症を克服する、である。第1段階は、「内的な共感の開発、パーソナリティ部分間のより一層の協力、それぞれのパーソナリティ部分はたった一人の私（すなわち、擬人化）に属していることへのより一層の気づき」によって「解離されたパーソナリティ部分への恐怖症を克服すること」に重点を置いている（p.303）。第2段階では、トラウマ記憶があたかも正常に見える人格部分 Apparently Normal Personality（ANP）と情動的な人格部分 Emotional Part（EP）との間で徐々に共有されるようになり、現在における象徴的な言語的説明に変容され、クライエント一個人に結びつけられる。「これが実現されると、トラウマ的な出来事の自伝的なナラティヴ記憶となり、トラウマ的な過去よりも現在に対して適応的となる行動につながる」（p.319）。第3段階では、人生の質と意味を向上させることができる探求と実験を促進するような最大限の統合へ方向づけられる。著者たちはこの段階でパーソナリティの解離された部分の融合を目指しているが、統合の段階に抵抗を示し、セラピーを去って行くクライエントもいることを知っておく必要がある。ヴァン・デル・ハートらはこのことについて、最もトラウマ的な記憶に対する恐怖症、あるいは、「親はいつも自分を拒否し決して愛さ

なかった、だからいつも耐え難い孤独であった」(p.339) ことを完全に受け入れることへの恐怖症、つまり彼らが考える最高の精神レベルを要求されるプロセスだからであると説明している。著者たちは、セラピストがこのプロセスにおけるクライエントの選択やペースを尊重し、クライエントが準備ができたと感じた時には、この主要な統合への挑戦に戻ってくることができる選択肢を残しておくことを推奨している。

　上記の戦略に対して、クライエントのなかにある潜在的な健全さを肯定することの重要性も付記したい。そもそもこういった問題をしっかりと見つめるためにセラピーに来るという意欲や関心があることがクライエントの健全さの証拠となる。私たちはこれを、今ここで同盟関係と何らかの新たな生き方やあり方を見つけるために協働する動機づけの一部であると考えている。

PART7　統合的心理療法のための技法と戦略

82

恥と恥に基づくシステムを扱う

　心理療法を受けにくる多くのクライエントは恥の問題を抱えていて、家庭や学校、職場、あるいはそれらすべての文脈において恥に基づくシステムを体験している。カウフマン（Kaufman, 1989）は恥を「劣等感」（p.17）として、つまりは自己の内側に注意が向き、「自己意識の苦悩を生み出す」（p.18）ものとして論じ、子どもにおいては「うなだれ、目を伏せ、目を逸らし、赤面することに付随した」（p.20）恥が表情に顕著に表れると述べる。私たちが恥を体験するとき、人目に曝され、辱められ、激しくおとしめられると感じる。恥をかくことには、その子どもは人として受け入れられないし、価値がなく、愛され敬われる権利を失っている、などのメッセージが含まれている。それは、自分自身や自分の能力に対して抱く自然な自尊心と相反するものである。そしてそこには、自分は生まれながらにして人として邪悪で駄目であり、愛される価値がなく、不適格であるという強固な信念が伴うことが多く、低い自己評価につながっていく。カウフマン（Kaufman, 1989）が言うように、人間の絆は、互恵的な関心や信頼体験を分かち合うことから築き上げられる人間関係の架け橋の結果である。恥に基づく家族システムのなかで子どもが育つ場合、子どもが屈辱を受け辱められることで信頼は壊され、結果として人間関係の架け橋も破壊される。ネイサンソン（Nathanson, 1992:312）は、繰り返し辱められる体験によって発達する恥にまつわる反応の範囲について言及している。彼のいう範囲の論点は、恥の毒性に直面したときに私たちがそこに退避する可能性がある四つの防衛的脚本の提示である。それは、引きこもり、他者への攻撃、自己への攻撃、あるいは回避である。アースキン（Erskine, 1994）は、恥はまた独善的な態度によって覆い隠されるかもしれないとつけ加えている。

　カウフマン（Kaufman, 1989）は、恥と恥にまつわる不適応のパターンは幼少期の支配的な場面に端を発しているので、こういった幼少期の場面を治療

プロセスのなかで直接的に再活性化する必要があり、その結果クライエント
は、原体験にまつわる感情を完全に解き放つことができると主張している。
このようにしてクライエントは自分自身として受容されたと感じ、原光景を
追体験しても孤独ではなく、恥の「脚本」を乗り越えることができる。私た
ちは、この過程は転移を通して生起しうると考えている。恥は過去の記憶で
あり、それはセラピストが治療的に存在しているときに表面化し扱うことが
できる。過去の記憶によって、恥は再活性化したり、直接的に活性化され
たりするからである。恥を扱うためには、クライエントが示した恥のシグ
ナルには反応するが、クライエントを再トラウマ化させてしまうような早
まった直面化はしない、というデリケートなバランスが要求される。「慎重
すぎて、腫れ物に触るように振る舞えば」、クライエントの恥をつのらせる
だけかもしれない。彼女に何か悪いところがあるために特別な注意を払って
扱われている、という印象を創り出してしまうからである。あまりにも早計
に、あまりにも乱暴に、恥ずかしがっている様子について言及すれば（例え
ば、「あなたの顔が赤らんでいるのに気づいたのですが、それはどういうこと
ですか？」）、今度はクライエントに再度恥をかかせることになるかもしれない。
エヴァンス（Evans, 1994）と同様に、私たちも相互関係を規範とする対話的
アプローチによってクライエントは自分自身のペースで関係性を活用するこ
とができると確信している。

83

マインドフルネステクニック

マインドフルネスの思想は禅仏教の哲学を起源とし（Suzuki, 1969）、現在の瞬間と展開する一瞬一瞬への瞑想的な気づきと関係している。禅仏教の考えでは、瞑想的なアプローチを通じて、人は自分の内面や世界と共に存在するより静かな場所に到達する。そこでは、人や物や出来事に対する判断や結果、過剰な同一化よりも、単に「何があるのか What is」に注目するのである。禅仏教と関係する瞑想の実践は、さまざまな形で多くの心理療法アプローチのなかに取り入れられてきた。例えばゲシュタルト療法は、その始まりのときから、現象学と気づきの両方を重視し、心理療法家に現在の瞬間を観察するスキルを発達させるように求め（Yontef, 1993; Polster and Polster, 1974）、またそういったスキルをクライエントが自分自身のために獲得できるように導くことも心理療法家に求めた。例えば、クライエントは自分の呼吸に注意を払い、それからフィーリングや思考だけでなく、自分の身体で何が起こっているのか、現れてくるその感覚にただ気づくよう促される。気づきは、内的な世界（内側の領域 inner zone）もしくは外的な世界（外側の領域 outer zone）に向けることができる。そういった実践を通じて、穏やかさは増し、クライエントは以前は気づかなかった事柄に気づくようになり、それにつれて実験や行動の可能性が大きくなるのである。

マインドフルネスは、最近になって認知行動療法（CBT）のアプローチに取り入れられた。例えばリネハン（Linehan, 1993）は、境界性パーソナリティ障害の治療にマインドフルネス技法と瞑想を取り入れた。クライエントは、判断することなしに、自分の情動、思考、感覚に集中できるように瞑想技法を教わる。このプロセスは、現れてくるフィーリングや思考への巻き込まれを減らすことにつながり、衝動的に行動するニーズを低減させる。そういった技法は CBT の他の学派、例えばスキーマ療法においても推奨されている。スキーマ療法は、認知要因と行動要因、愛着の問題、ゲシュタルト実

験を体系的に取り入れたより統合的なアプローチである（Young et al., 2003）。今ではマインドフルネス技法とその適用に関するさまざまな書物が出版されている（例えば Brazier, 1995; Williams et al., 2007）。ここで、フィーリングや感覚をコントロールして変化させることと、フィーリングや感覚を受け入れることとの差異に関する問題が提起される。これは逆説的なプロセスのように見える。というのも、自分自身の部分に気づき、受け入れるようクライエントを促すような操作は、結果的に部分をより統合し変化させることになるからである。これは、ゲシュタルト療法で随分と以前から認識されていたプロセスであり、変化の逆説的理論と呼ばれてきた（Beisser, 1970）。マインドフルネスは広範囲にわたる気づきの形式であり、困難に対してゆっくりではあるが、より選択の幅を広げるアプローチを提供する。それは、フォナギー（Fonagy et al., 2004）によって概要が示されたメンタライゼーションプロセスとある種の類似性を持つ。ベイトマンとフォナギー（Bateman and Fonagy, 2006）は、マインドフルネスとメンタライゼーションには重なり合う構造があると認めているが、メンタライゼーションはより関係性に注目しており、より幅広い概念であると示唆している。

84

異なる自己状態の間で
行われる内的対話

　クライエントの内的世界の別の部分同士の間で行われる対話を抱えることによって、クライエントが否認し拒絶し分裂 split-off した諸状態を統合するプロセスを支えることができる。これは三つの異なる自我状態の存在を認めている交流分析（TA）によって幅広く使われてきた技法である（Berne, 1961）。親の自我状態は、幼少期に影響を受けた内在化された人物を表象している。子どもの自我状態は、重要な他者に対する自分自身の歴史上の過去の反応を表象しており、こうした反応は記憶のなかに横たわっている。大人の自我状態は、現在において他者に適切に対応する能力を表象している。クライエントは次第に、自分自身の内的対話に気づくようになる。そしてこれは、二つないし三つの椅子技法[07]を用いることにより、面接室のなかで公然と扱うことができる。親（の自我状態）は内在化された「～すべき」を反映し、子ども（の自我状態）の反応はこの「～すべき」に対する原初の適応形態で、愛を確保するための犠牲、すなわち最悪の状況での生き残りを反映する。そのとき、クライエントは大人（の自我状態）の立場となり、内的対話と、それが自己評価、創造性、自己主張に与える影響を振り返り、可能性を言葉にしてみるよう促される。クライエントは子ども（の自我状態）をなだめサポートする養育的親の立場から、新たな内的対話を構築するよう少しずつ促されていく。このようにして、その人の認められていなかった部分が再び認められ、統合されるようになり、その結果クライエントは自己実現した場所から機能できるのである。

　類似のプロセスは、サイコシンセシスモデル（Vargiu, 1974）にも組み込まれている。それによると、すべての人は、世界との相互作用を成し遂げるに

---

07 ゲシュタルト療法や交流分析療法で適用される。空の椅子に重要な他者が座っていると想定し、その他者と対話することで気づきや決断を促す技法。

つれて、時の経過と共に現れる多くの「副人格 sub-personalities」を持つよ
うになると見なされる。気づきの外側に存在する副人格もあり、破壊的な性
質の副人格もあれば有益で促進性を備えた副人格もある。もし一つないし二
つの副人格に過剰に同一化すると、他は隠れたり分割されたりして、もは
や利用できなくなることがある。このような副人格を意識するようになれ
ば、簡単に名前をつけることができるキャラクター——敏感な聞き役、恵ま
れない子ども役など——が見つかるだろう。クライエントはこういった副人
格を引き出し、対立する副人格同士で会話し、あるいはそれぞれどう異なる
装いかに気づくよう促される。こうした介入は人格の統合を促進し、私たち
のリソースの幅を広げることになる。ゲシュタルト療法もまた、人のなか
に存在する種々の「自己たち selves」に気づくことの重要性を強調している
(Polster, 1995)。そして同様に、内的力動を明確化し、現時点でのより有益
な統合を達成する方法として、こういった異なる自己の間で交わされる実験
的な対話をサポートする。

85

シンボリズムとメタファーを扱う

　セラピストとクライエント間で交わされる暗黙のコミュニケーションプロセスが心理療法において重要であることや、セラピストがこういったプロセスを理解できるだけでなく、それを扱う方法を開発できる必要があることに、私たちは一貫して注意を促してきた。クライエントが持ち込む重要な問題は本人が気づいていないことが多く、それはさまざまなシンボルやメタファーを伴うストーリーを通じて出現するかもしれない。実際セラピーにおけるナラティヴ・アプローチの著者たち（例えば McLeod, 1997; Etherington, 2000）が採用したアプローチのように、セラピーの全プロセスを「ストーリー」の観点から眺めることができる。マクレオッド（McLeod, 1997）は次のように述べる。「人々はライフストーリーが混乱し、不完全で、つらく、混沌としているがゆえにセラピーを求める。丁寧な傾聴と語られた内容についての繊細な解釈を通じて、セラピストはより満足のゆくナラティヴ、つまり〈よい〉ストーリーが出てくるよう促す」(p.86)。マクレオッドはスペンス（Spence, 1982）が提示した「ナラティヴ的真実」と「歴史的真実」の間の区別を引用し、歴史的真実は正確に知ることができないがゆえに、セラピストの仕事はクライエントが持ち込むナラティヴ的真実を現在において共感的に扱うことであると指摘した。例えば、自分自身を「あるべき根がない木」と表現したクライエントは、明らかに幼少期の何かについて語っているとともに、現在の彼女自身の感覚を表現している。ここで疑問が浮かぶ。このようなメタファーにセラピストはどのように対応すればよいのだろうか。より古典的な精神分析的アプローチならば、このメタファーはパズルを解き明かしたいという願望のあらわれと解釈するかもしれないが、私たちは配慮をもって応答し、クライエントが提示したメタファーを直接的に扱うのを厭わないことを推奨したい。

　ジンカー（Zinker, 1978）はゲシュタルトの観点から、シンボルが洞察に、

ジェスチャーが新たな一連の行動に変容されうる創造的なプロセスを強調した。彼はそのような成果を達成するために、クライエントとの協働による創造的な実験を構築する方法を示している。ストーリーやメタファーを扱うセラピストにとって役立つ指針は、サンダーランド（Sunderland, 2000）によっても提案された。彼女は子どもとの関わりについて書いているが、私たちは彼女の考え方は大人のクライエントと関わる際にも同様に役立つと考えている。彼女は、メタファーの使用は間接的なコミュニケーションの一形態であり、クライエントの能力不足や敏感な話題や打ち明け話を直接話したくない気持ちを反映しているかもしれないと指摘する。応答の際にメタファーのなかに留まることで、クライエントがセラピストから「強引にこじ開けられた」と感じることなく話すことができる共感的なアプローチとなる。別の観点から説明すると、クライエントの話を聴いている際に、セラピストは心に飛び込んでくるあるイメージに突然気づくことがよくある。それは、クライエントは未だに気づいていないが、何らかの象徴的な理解を反映している可能性がある。そういったイメージを共有することは非常に実り多く、さらなる試行錯誤と洞察につながる可能性がある。

86

夢を扱う

　メタファーやシンボルの扱いと関連して前述してきたポイントは、多くの点で夢にも当てはまる。なぜなら夢も「ストーリー」の一形式だからである。まず第一に、現在への気づきを基本として好奇心を抱きつつ、現象学的な態度を取ることを私たちは推奨する。夢は他者、この場合はセラピストに対して語られ、夢を物語るのもまた一つの関係的活動である。この事実そのものが意義深いことかもしれない。そして、最近のセッションで展開された治療作業の一面を反映しているのかもしれない。例えば、誰かが彼女に対してとても怒っていて、彼女も何か悪いことをしたと感じている夢を携えたクライエントが現れたなら、セラピストは報告された夢とセラピストがクライエントに怒っているかもしれないという想像上の感覚の間に心のなかでつながりを見出すかもしれない。この連想はクライエントがセラピストに対して怒っていて、その結果として何らかの報復を予期しているということとつながっているかもしれない。それは、幼少時の体験と何らかのつながりがあるかもしれない。夢のなかにおける問題の出現は探索の余地を生みだし、その探索は次第に現在へと持ち込まれ、セラピストとクライエントの実際の関係のなかに持ち込まれる。しかしながら、直接的な解釈を行うことには注意を促したい。その代わりに、クライエントがこの夢に基づいて心に描くことができるものを現象学的に探索することを提案したい。セラピストにとっては、心に響く何か、あるいは連想を拾い上げるために「第三の耳」で聴くことは有益である。夢の語りに伴って、感じられる情動や身体に基づいた自らの反応を用いることで、適切な情報がもたらされるかもしれない。

　一方で、クライエントの夢は新たな素材を反映しているかもしれない。それは、自分自身のストーリーにつながっていて、その瞬間には気づくことができていないか、何らかの理由があってそれを認めて表現することが困難なものかもしれない。この場合、あたかもそれが、現在起こっているかのよう

に夢を扱うことを推奨したい。そして、クライエントは夢のなかに再度入り、あたかもそれがこの瞬間に起こっているかのようにストーリーを語るよう促される。このようにすると、体験と情動は非常に高められる。

　私たち自身の実践例を一つお話ししよう。クライエントはどろどろした液体が入った深い容器に関する夢を持ってやって来た。夢には2匹の蛙も登場した。1匹は液体のなかに居て、もう1匹は容器の脇に座っていた。セラピストはクライエントに、もう一度その夢のなかに入るように、そして、再度その夢について、あたかもその夢が現在進行形で起こっているかのように、2匹の蛙の位置に関して発せられているどんな言葉や対話も付け加えて話すように促した。夢を理解する鍵は、クライエントが容器の脇に座っている蛙の位置を取ったときにやってきた。彼らは、自分自身が「私はあなたを救うことができない。私はあなたを救うことができない」と言っていることに気づき、この表現のなかに、兄弟の死やサバイバーギルトの耐え難い感覚と、それと関連する責任感の膨張につながる圧倒的な感情が現れた。それは、蛙が何を言いたかったのかについて思いをめぐらせた実験と結びついて、現在形で具体化された表現であった。そして、それは明確化につながり、悲しみと無力感を表現することができたのである。

87

性愛転移を扱う

　性愛転移は、フロイトが治療に対する抵抗の一形式と見なした時代から、心理療法は本質的に性的関係である（Mann, 1997）と記述されてきた現代まで、精神分析の文献において長い間、幾分かは論争の的となってきた歴史がある。マンや他の現代の論者は、性愛はクライエントが新たな変容対象transformational object を探し求めていることを暗示する必要かつ避けがたい陽性転移の指標であると考えた。マンは性愛を「無意識的な幻想生活の中心」であり「人生における非常に創造的な素材……情熱と密接につながるもの」（Mann, 1997:4）と見なした。彼は幼少期の母子間の絆を最初の性的関係であるとし、すべての人間関係は何らかの形で性愛によって結びつけられていると考えた。治療関係は、過去を癒し、創造的な成人の愛する能力へと導いていく変容体験を通じて、前エディプス期およびエディプス期葛藤を徹底操作する機会を提供する。このプロセスにおいて、クライエントは幼少期の性愛と成人の性的な感情を徐々に識別するよう援助を受けることが可能となる。マンは、性愛的な愛情衝動はセラピーの過程で昇華させることが可能なので、転移性の恋愛は治癒と洞察の恩恵のなかで抑制可能であるということに賛同している。私たちは次に述べるマンの見解に賛同している。すなわち、治療関係において性愛は必然的に存在し、セラピストが気づいているかどうかにかかわらず、セラピストは性愛に関与している。それゆえ、セラピストがセラピーのこの分野への感受性を発達させて、成長と変化のためにこういったフィーリングを利用することが極めて重要である。

　メスラー・デイヴィス（Messler Davies, 2003）は、発達上最適の条件が整っていた場合、エディプス闘争は「勝ち負けの両方」（p.10）であると指摘している。「私たちは皆、異性愛的かつ同性愛的な近親姦的な関わりに関して、理想化の一面と脱理想化の一面を統合しなければならない」（p.10）と彼女はつけ加えた。この意味において、治療関係は、性的な行動化が禁止さ

れ、こういった体験を言語やメタファーによって象徴化することができる安全な関係性のなかで、こういった緊張をはらむ関係をやり直す機会を提供する。そうして、過去を同化することが可能となるのである。セラピストは「失望させるような恋人や失望した恋人」の役割を担う。そして、セラピストは第一次的な愛情対象ではない所で、クライエントの失望を扱う必要がある（p.13）。性愛転移や逆転移を扱う場合に肝心なことは、こういったフィーリングが正直に探索され認識され得る、スーパーヴァイザー的な機能を果たす安全な場所の存在である。セラピストが性愛的なフィーリングの開示を先導することには注意を喚起したい。なぜなら、これは関係性における権力の問題を引き起こし、クライエントに自分は不利な立場にいて、セラピストのフィーリングのなすがままであると感じさせるかもしれないからである。そのような開示は役立つことも必要となることもめったにない。

　心理療法の訓練生は、治療関係における性愛的要素を、セラピーの進展を害するものとして無視することはたやすいと考えがちである。セラピストは自分自身のセクシュアリティに満足していて、クライエントがセラピー内で性愛的なフィーリングを持ち出したときに、オープンになることができ、防衛的にならないことが不可欠であると私たちは確信している。セラピストは自分自身のフィーリングを感じると共に抱え contain、クライエントの徹底操作を助けるべきである。このようにすることで、クライエントが幼少期の性的な体験や性愛的な体験を語ることができ、治療的な出会いのなかでそういった体験がどのように感じられているのか、また、それが現在の他の親密な関係のなかで非機能的な形で未だに再－エナクトされているのか、といったことを語ることができる。最後に、次のマンの主張に読者の注意を向けたい。「患者は自分の性的パートナーと関わるようにセラピストと関わる」（Mann, 1997:123）。つまり、クライエントのセラピストとの関係の持ち方が、クライエントのパートナーとの性的な出会いのパターンに関する貴重な洞察を与えてくれる。こういった考えは専門職の初心者には難題に聞こえるかもしれないが、私たちの経験では、それは心理療法的プロセスのなかでよく考えられるべき、貴重な、治癒につながる洞察を与えるかもしれない。

88

治療プロセスにおける
セラピストの「自己」の活用

　私たちの統合的な枠組みは、セラピスト自身の自己の活用に大きな重要性を置いている。第一に、すでに見てきたように、治療プロセスには概して、身体に根差した重要な暗黙のコミュニケーションが含まれている。セラピストがこのプロセスに対して理解をもち、メッセージの幾分かは、たとえば投影同一化の過程を通じて伝達されるのだということを認識できていると、クライエントその人や、クライエントの語るストーリーや、クライエントの持ち込んできた問題との関連で、セラピスト自身の内側に生起してくるいろいろな経験に対して、動揺せずに向かい合う態勢を作っておくことが可能となるのである。そしてこの知識が身についていると、現象学的な探究をさらに進めるにあたってそれを役立てることができるし、治療のプロセスが進んでいくのに応じて、戦略や目標を形成することにも、それは役立つ。自分自身のあり方にふさわしい治療の仕事を心がけているセラピストにあっては、このような経験が、自分の遭遇する素材やそこからの応答に即しつつ、リフレクトする能力を磨いていくことにつながり、それこそが彼らの強みの一つになっていく。さらに言えば、彼らはこうした道を通って、リフレクトのプロセスを自分にとって当たり前のものとしていく。それゆえにそのようなセラピストは、クライエントと共にいる一瞬一瞬ごとに、反応をより素早くかつより正確に捉えて、その次の探究に向けてそれをどう活用するかを学んでいるのである。

　ローワンとジェイコブズ（Rowan and Jacobs, 2002）は、三つの異なる種類のセラピストの自己の活用を提案している。それは、道具として、真正 the authentic として、トランスパーソナルとして、である。自己の道具的な活用は、契約を明確にすること、適切な目標もしくは少なくとも全体的な目的を設定すること、別のクライエントの役に立った戦略を活用すること、経験と知識の蓄積によって提供される一般的なサポートといったある種の合理的

な活動を意味している。真正な存在のあり方 the authentic way of being とは、関係論的アプローチやクライエントとの関わりを大いに活用することを意味している。このアプローチはヒューマニスティックセラピーにおいては中心的なものであり、精神分析的な仕事の内部でも今やより一層一般的に広く普及している。真正として関わることは、クライエントとの協働だけでなく良好な同盟構築の重要性を強調する認知行動的な心理療法のアプローチにもまた反映されている。セラピストの自己の活用の三つ目の方法は、ローワンとジェイコブズ（Rowan and Jacobs, 2002）によってトランスパーソナルとして言及されている。私たちはこの方法を、ブーバー（Buber, 1923/1996）によって記述された我－汝的態度 I-Thou attitude だけでなく、実存的問題に直面した時に不安定さや不確実さを喜んで受け入れること（Watts, 1979）と同等なものとみなしている。臨床実践においては、こういった異なる存在の形式は、互いに排他的なものではなく、治療上、直接的なニーズに応じて入れ替わるものである。

PART7 統合的心理療法のための技法と戦略

89

逆転移を扱う

　私たちはこれまで、セラピストとクライエントの間で展開される「ダンス」における転移と逆転移の分かちがたい本質について注意を促してきた。統合的心理療法家は、この間主観的、関係的プロセスを概念化できなければならない。それと同時に、関係性が展開するにつれ、クライエントに対して自分自身の責任において決断を下すことが求められる。セラピストはさらに、逆転移とセラピー以前の転移の間の差異について考える必要もある。なぜなら、後者は平等の問題や社会構成主義に基づく観点と、精神内界的プロセスや対人関係的プロセスの探索に基づく観点との間の緊張を示すものとして強調されてきたからである（Curry, 1964）。精神分析的心理療法における逆転移という概念の進化は意義深いものであった。逆転移を邪魔なものと見なすことが主流の考えであった初期から、クライエントに対するセラピストの反応の重要性についてのハイマンの挑戦（Heimann, 1950）を経て、セラピストの逆転移とその表出はセラピーにとってよい結果を促進するために重要な役割を果たすことができる（とりわけ Maroda, 1991）という、より最近の認識へと私たちは前進した。マローダは、役に立つ治療関係の目的は、良好な治療作業関係の構築を超えて、クライエントが解消を求めてセラピーへやってきた困難の数々を徹底操作するために、より力動的な葛藤を抱え、成長できるようにすることであると論じている。ここで重要なことは、非機能的な力動が再－エナクトされる可能性と、セラピスト自身がクライエントに対して気づきの反応 aware reactions を賢く使用することを通して以前とは異なる結果をもたらすことができる可能性との間の緊張である。つまり、気づきの幅を広げ、人間の相互作用の選択肢の幅を広げることができるのである。

　この違いを明確にするためには、心理療法家はできる限り、自分自身の治療的な問題とクライエントのそれとを識別する必要がある。実践では、転移と逆転移の間には一定の相互関係があり、この識別は簡単ではない。しかし

ながら、ここにおいてスーパーヴィジョンの設定が重要となってくる。こういった問題を振り返り、そのような難局にどのように関わればよいかについて慎重に考える機会を提供してくれるからである。マローダ（Maroda, 2002）は、クライエントの過去とセラピストの過去が一点に集まり、セラピストのなかに盲点を作ってしまうという不測の事態をいかに扱うかについて、有益で利用可能な分析を提供している。そういった分析はセラピストもまた人間であることを裏づけている。マローダは次のように指摘する。

> 患者と分析家が不可解なやり方で互いに動かし合う運命にあることを受け入れることが、激しく予測不能な情動を受けとる側と刺激する側の両者を受け入れる余地を残す。そしてこの受け入れが、最も治療的な方法の探索のためのさらなる余地を残す。そこで、過去から再－創造された場面が徹底操作されるのである。（Maroda, 2002：140）

　マローダはまた、セラピストの防衛を知らせる逆転移の形式に注意を促した。これらには、セラピストがクライエントから心理的に退去しようとすること、クライエントと論争すること、過度に知性化するか沈黙するようになること、あるいは激しい怒りや不快感を体験することが含まれる。こういった領域は初心の心理療法家には非常に難しいが、クライエントを比喩的に「置き去りにする」感覚によって一般的に特徴づけられるこのような極端な反応は、体験を積み、スーパーヴィジョンによるサポートを受けることで見極めることが容易になる。

90

心理療法における自己開示
活用と誤用

　心理療法における自己開示というテーマは、白熱した論争を生んでいる。
このテーマには異なる歴史的、様式的な見解がある。伝統的に精神分析は、
クライエントが関係性における困難を投影できるような白いスクリーンを
示すことを好み、セラピスト側のどのような開示にも反対してきた。この
ようなスタンスは非現実的で抑圧的である可能性もあるが、私たちはまた、
ヒューマニスティックの伝統におけるセラピストの自己一致の強調は、と
きにセラピストの抑制の利かなさや節操のない正直さを感じさせる可能性
があることも理解しており、こちらも手放しでは推奨できない。ヤーロム
(Yalom, 2001) は、セラピストの自己開示を便宜的に三つの領域、つまりセ
ラピーのメカニズムと関連するもの、今ここでのフィーリングと関連するも
の、セラピストの個人的な生活と関連するものとして設定した。彼は、クラ
イエントが治療プロセスとその理論的根拠について明確な感覚を得ることが
できるように、セラピーのメカニズムについては完全な透明性を好んだ。そ
うすることによってクライエントは、「どう振る舞いどう関われば適切なの
かのガイドラインもないあいまいな社会的状況」(p.85) から生じる「二次的
不安」とヤーロムが呼ぶものを最小限度に抑えることができるのである。今
－ここでの感情についてヤーロムは、透明性がそれ自体のために追求される
ことがないように思慮深くあることを推奨している。そのような立場は、開
示の治療的な価値を慎重にアセスメントする必要があるという理由からマ
ローダ (Maroda, 2002) も支持している。状況が不確実であれば、重要なこ
とが隠されているという感覚をクライエントに与えないように、多くを語ら
ないことで誤るほうがよいと私たちは提案したい。セラピストは不確実であ
ることを認めてもよいし、そのような話題やなされた質問について考えたい
と思うと言うこともできる。
　セラピストの個人的生活の話題については、おそらく最も論争の的となる

領域であり、ヤーロムは慎重かつ注意深い内省を促した。オープンであることは一方でセラピストがもう一人の普通の人間であることを確信させるが、そもそもなぜクライエントがそんな質問をしたのか理由を探ることを排除するものではない。しかしながら、クライエントは守秘義務によって守られているが、セラピストはそうではないという事実にもヤーロムは注意を向けている。それゆえ、もしセラピストが扱いに注意を要すると見なす情報があるのであれば、何も言わないことを推奨するという。全体として、自己開示の問題は複雑さを呈している。セラピストとクライエントとの間で行われる情報の交換は治療上のプロセスそのものと深く関連しているし、それは暗黙のレベルで起こっているためである。私たちは、セラピーのある特定の時点で、ある特定のクライエントにとって、何が最も治療的であると思われるのかという観点から、この問題に対して繊細で注意深いアプローチを行うことを好む。権力関係が不均衡で抑圧が起こりやすいことによって根強く特徴づけられている関係性では、ケアを行う専門家の基準とまさしく関連して、できる限り透明であることを私たちは目指している。この立場は心理療法の成果研究によってもまたある程度支持されている。慎重な自己開示を用いるセラピストは、クライエントからより役に立つと評価を受ける（Bedi et al., 2005）。また、観察的研究でもより効果的であるという評価を受けている（例えばWatkins, 1990）。ヒルとノックス（Hill and Knox, 2002）は入手可能な研究の有益なレビューにおいて、自己開示の定義上の複雑さを指摘しつつも、一方で私たちが上でその要点を述べた立場を支持する臨床上のガイドラインの設定に関しても指摘している。

91

亀裂と修復のプロセスに取り組む

　ハインツ・コフートは、共感的な調律と自己対象転移に基づくセラピスト
とクライエント間の絆を創り上げることに特別な注意を払ったが、同時に亀
裂の重要な役割を強調している。つまり、「分析の初期段階において自発的
に確立された分析家への自己対象転移によって提供される静かに持続するマ
トリックスは、分析者の避けがたい、しかし一時的な、したがってトラウマ
にならない程度の共感の失敗、つまり彼の〈最適な失敗〉によって繰り返し
中断される」(p.66)。健康な幼児の発達におけるそういった「失敗」の重要
性と、子どもの安全な自己構造の発達において「亀裂と修復」が果たす役割
については、以前にも概略を述べている。こういった着想は、治療セッティ
ングのなかでの亀裂と修復のプロセスと、治療の結果を決める際にこのプロ
セスが重要な役割を持つ可能性に関して、ごく最近の精神分析的文献におい
て、より大きな関心を引くことにつながっている（例えば Mitchell and Aron,
1999; Safran and Muran, 2000）。

　近年、治療同盟要因に関する研究は、亀裂と修復の問題についてより詳細
に扱い始めている。そこでは、全体的な成果と同様に、セラピストとクライ
エントの間で交わされる暗黙の交渉と明示的な交渉が治療プロセスの過程で
果たす中心的な役割と、セッション中の成功裡に行われた交渉あるいはそう
はいかなかった交渉が及ぼすさまざまな影響を強調している。サフランら
(Safran et al., 2002) は、亀裂を潜在的に三つの異なる形態から構成されるも
のとして概念化している。すなわち、治療の課題に関する不一致、治療の目
標に関する不一致、そして治療的な絆におけるひずみである。しかしながら、
実践ではこの形態は相関しており定義や研究の焦点の複雑さが際立つ。要す
るに、著者たちは治療における亀裂のプロセスに注意を向けることの重要性
を強調しつつ、これがいかに捉えがたいかについてもまた強調している。彼
らは、特定のクライエントに対する亀裂と修復のプロセスの重要性にも注意

を促している。つまり、亀裂の修復過程から利益を得られない特定のクライエント群には、肯定的な同盟体験のみを増加させることが役立つと指摘している。にもかかわらず、セラピストが数々の些細な形で、クライエントが望む期待や時には理想化を満たすことに失敗しないことはありえないと私たちは考える。そういった出来事に対し、セラピストがあやまちを認め、それに対して責任をとる準備があり、オープンで、防衛的でない反応を示せることはきわめて重要である。重要な目標は、激しい「悪循環」に巻き込まれることを避けることである。なぜならそれは残念な結果、つまりは通常、クライエントによる早期の治療終結という形となるからである。特に境界性のプロセスが現れている特定のクライエント群に対して、このプロセスがいかに細心の注意を要するかがわかる。ベイトマンとフォナギー（Bateman and Fonagy, 2006）は、深刻な亀裂の現れ方は「患者とセラピストの関係パターンの連動」（p.100）を反映しているとしている。また、セラピストがこのような状況を効果的に交渉するために必要なスキルについても注意を喚起した。この意味において、セラピストはできる限り早く彼ら自身のメンタライジング能力を取り戻し、この一時的な喪失に対してオープンであり続け、対決や葛藤の感覚を弱める必要がある。激しい亀裂を首尾よく乗り越えるためには、セラピストには、「探究的で、能動的で、共感的である」が、できる限り「物知りの専門家になることを慎む」（p.101）ことが求められる。このように、関係交流を確保するなかで、強力なメンタライジングのプロセスは形成され活性化される可能性を持つのである。

92

エナクトメントと
治療の行き詰まりを扱う

エナクトメントは、セラピストとクライエントの間で共同創造される関係的無意識から生じ、何らかの反応の形で顕在化する。それはセラピストに、治療の行き詰まりや作業の手詰まりの可能性を警告している。セラピストかクライエントのどちらかが、無意識に親しみのある反応や相手が望む反応を呼び起こすような特定の行動を始めるかもしれない。「エナクトメントは、転移空想を実現化しようとする企てが逆転移反応を喚起するときに生起する」(Chused, 1991:629)。あるいは逆に、セラピストがエナクトメントを開始する場合も同様に起こる。セラピストとクライエントのどちらもが開始する側になりうるため、あなたとクライエントの間で何がエナクトされているかを理解するために、スーパーヴィジョンによってこのプロセスを振り返ることが必須である。しかしながら、エナクトメントは共同創造されるのであり、それは治療の出会いのなかで回避され、無視され、よく言えば見逃されている特定の重要な事柄があることを知らせるものであることを本質的に認識する必要がある。エナクトメントという用語は、行動、思考、空想、ジェスチャー、沈黙をも指す。あるいは、そのときにあなたがセラピストとして、まったく気づかないまま役割を果たしている何らかのプロセスをも指す。ジェイコブズの説明によれば、「これらのなかには、しばしば抑うつ的なフィーリングや他の気分の変化と一緒に患者に関する思考が頻繁に浮かび、セッションについて話すことへの反復的ニーズと、分析家の夢の顕在的な内容に患者が登場することがある」(Jacobs, J. J., 1984:291)。エナクトメントは空想や夢や非言語的なコミュニケーションチャンネルを通じて現れることが多いが、その素材は発達上の前言語期からのものであることを必ずしも意味しない。むしろそれらには、他者に対する特定の領域における葛藤や、象徴化されずもしくは抑圧された素材を、私たちが感情を調整して伝える多くの暗黙の非言語的なやり方がしばしば示されている。関係精神分析の著者たち

は、「行動化」や「反復」よりもエナクトメントという用語を好む。なぜなら、行動化や反復といった用語はクライエントの行動だけを強調し、セラピストはあたかも公平な観察者であるかのように扱う傾向があるからである。チューズドはまた次にように指摘している。「患者に対して分析家にも責任があるとされる〈投影同一化〉という用語でさえ、分析家自身の心の働きによって決定される分析体験への寄与を認めていない」(Chused, 1991:627)

　臨床状況におけるこのようなエナクトメントは、関係性のなかで掬い上げられてうまく扱えれば、変化へとつながる潜勢力を有している。これを次のように言い表すこともできる。

> 　臨床状況におけるこのようなエナクトメントが含意するのは、一組の人間の間で形成された対人行動を丹念に調べてみることによって、潜在的な精神内界の葛藤や、先立って存在していた対象関係の残滓へと続く手がかりやきっかけが得られることへの期待である。その対象関係の残滓をして、一組の片方が相手のなかに共鳴を起こし、どちらにとっても現実的と感じられるような結果を二人の間に引き起こしたのである。(McLaughlin, 1991:601)

　何が治療的であるかと言えば、それはエナクトメントそのものではなくて、それを照らし出し、治療プロセスのなかにこのような理解を統合しようとするセラピストの意志なのである。このような仕方で、転移の意味は双方にとって浮かび上がり、作業を先に進めるために役立てられるわけである。

　スローホワー (Slochower, 1996) は、エナクトメントの肯定的側面と否定的側面の双方について、次のように非常にうまく述べている。「こうした瞬間には、患者（そして分析家）にとって重要な歴史的意味がある。それゆえに、こうした瞬間は潜在的な変化を具現化する非常に重要な分析の〈原動力 grist〉である。しかしながら、それと同時に、エナクトメントは分析家が行動する前に理解し言葉化することに、部分的に失敗していることを示している」(Slochower, 1996:370)。セラピストにとって、こうしたエナクトメントは、セラピストが迂闊に転移の反復次元を強化してしまい、とりわけ恐怖や魔術的な救済への希望を煽ってしまう瞬間を表している。そのために治療関係の行き詰まりや膠着という結果もありうるが、それだけでなく、理解され、徹底操作される必要のあるプロセスに向かう道筋を指し示すものであるかも

しれない。

　もし、治療的な出会いの何らかの側面でエナクトメントの前兆があったら、内省と分析のためのスーパーヴィジョンが不可欠である。問うべきは次のような決定的な問いである。「私、あるいはクライエントによって回避されていたのは何か」、あるいは「重要であると認識されていないのは何か」、あるいは「クライエントのコミュニケーションにおいて明らかなことの理解を、私の理論的な信念がどのように妨害したか」、あるいは「私は何を言うことを恐れたのか」。このようにして、注意すべきことを徐々に明らかにすることができる。そしてこの素材は、クライエントにとってと同様に私たちにとっても認識するのが苦痛なものかもしれない。マクローリン（McLaughlin, 2005）を引用すると、「過去の転移という亡霊は完全に眠りにつくことはない。独自の性質の未だ知られざる新たな作業の強度のなかにそれらは新鮮な形で戻って来て、知っていたのに長らく忘れていた重要性の影を呼び起こす。エナクトメントは私の当然の運命なのである」（p.199）。セラピストがエナクトメントと関わることは避けがたいというマクローリンの謙虚さと現実的な態度を私たちは高く評価する。この意味において、私たちはあやまちを犯すが、私たちの仕事において重要なことは、治療上の行き詰まりに留まっている間に、クライエントへのサービスにおいて未だ隠されているものを発見できるように、こうしたエナクトメントを熟考することである。

93

あやまちを認める、あやまちを扱う

　ケースメント（Casement, 2002）は、心理療法家としてあやまち mistake か
ら学ぶというプロセスに特別な注意を促した。私たちはあやまちを「悪いこ
と」と捉えがちであり、彼はクライエントに対して「失敗する」このプロセ
スを扱うことを学ぶ必要があると強調している。もし、私たちがあやまちに
気づくことができ、クライエントとの関係性における失敗のプロセスを扱う
ことができるなら、修復のプロセスが生起し、それは非常に治療的となりう
るのである。1963 年にウィニコットはこのプロセスを指摘した。「とどのつ
まり、患者は分析家の失敗、大抵は非常に小さなものだけれど、それを活用
する。……そして、私たちは限定された文脈において誤解されることに耐え
なければならない。患者が今、分析家が失敗したことで分析家を憎んでいる
ことが作用要因であり、その失敗はもともと、幼児の万能的コントロールが
及ぶ範囲外の環境要因として存在していたが、それが〈今〉、転移という舞
台にのせられている」（p.344）ということである。この意味において、ウィ
ニコットは次のように考察した。私たちがクライエントに対して失敗するこ
とは避けられない。しかし今や、セラピストと共に過ごす面接室のなかでク
ライエントのコントロール下にあるプロセスを徹底操作することが可能とな
る。そのときが治癒要因となる、と。クライエントは、治療関係のなかに悪
い外的要因を持ち込むことができる。そして、私たちはそれに本気で取りか
かることができるのである。

　ケースメントとウィニコット両者の著作に力強く現れていることは、私た
ちはもともとの親と非常に似た様式でクライエントに対して失敗する可能性
が高いということである。例えば、私たちが予約したことを忘れている人は、
自分を迎えにやって来ない親を屋外で立ちつくし待ち続けた人である。ある
いは、私たちがいくぶん注意をそらしてしまいがちなクライエントは、精神
的な病を抱えた親を強く警戒しなければならなかった人であり、私たちが自

分のことを厄介払いしたがっていると解釈してしまう人である。ケースメントが指摘したように、「患者は分析家による類似の失敗を活用することを通じて、親やその他の養育者によって引き起こされた早期の鍵となる失敗体験に立ち戻るかもしれない」(Casement, 2002:83)。失敗はクライエントが最も苦しいと感じた状況に類似することが多く、セラピストのプレゼンスと、クライエントの怒り、不満、痛み、恥を促進したり許容したりすることにセラピストが意欲的に取り組むことを通じて癒しが可能となる。ケースメントが強調するように、トラウマと関連して「人一倍耐え偲んできた」クライエントの最も困難なフィーリングに熱心に寄り添うことで、「最終的にはよりよい経験、癒しとなる経験を見出すことができる」(p.85)。このプロセスには、クライエントを身近で観察し、一方で自分自身の仮説を持ちながら、現在という直接性のなかでクライエントと会い続けるというセラピスト側の特別な感受性が要求される。私たちには、自分の体験に正直で居続け、難しい状況のなかで自分自身の反応に気づき、そしてこういったことをクライエントの利益のために「使えること」が求められている。

統合的心理療法
100のポイントと技法

PART8

倫理と専門職の実践

94

プロセスとしての倫理

　最近数年の間に、倫理の主題とそれに関連する規約の取り上げ方に変化が見られる。それにより倫理的省察や意思決定の分野が、より創造的に、挑戦的に、活気を呈する機会を生み出してきている。特に英国カウンセリング・心理療法協会（BACP）と英国心理学会（BPS）は、倫理的な枠組みの発展に重要な貢献をしており、私たちの生活や仕事について、よりローカル[01]で個人的で社会的な省察による前進へといざなっている。両組織は実践と研究をガイドする一連の原理を発展させており、直面した倫理的問題について実践家が自身を振り返ることが重要であることを強調している。

　この動きは、倫理観と関連する実践のフォーミュレーションとマネジメントの重要な変化を表している。またそれは、「プロセスとしての倫理」の領域へと私たちを導くものとなっている。BPSの規約では、「心理学者は、困難で、移ろいやすく、不透明な状況で意思決定を迫られやすく」（p.5）、「道徳原理とその規約は、その適用について詳細に説明しているが、特殊なケースで個人が行う意思決定について考えるためのガイドラインにすぎない」（p.6）と記載されている。現在、実践家は関連する道徳原理について考える必要があり、そのような意思決定の複雑さや、所与の状況について明確な規則を同定することがしばしば不可能であるという事実に、より直接的に直面する可能性がある。倫理的な難問は、特定の状況に対して最善の解決法はないという考えを持ちつつ、じっくりと考慮していくものとなる必要がある。私は、生きた相互作用的な探索それ自体が良好な結果を支持するということ、そしてこういった探索に私たちを導く老舗のソクラテス的対話のひな型を持っているということを主張したいのである。会話のなかに自分を置

01　この文脈でのローカルという語は、社会構成主義で言う、対話する人のあいだで発展する言葉や意味や理解のことを指していると思われる。

き、正直に謙虚に話し、より体現された結果をもたらす方向に向かうことが
要求される。実際のところ、心身の分断という意味で、実体のない言説とい
う概念は、それ自体、倫理的に重要な関心事であるとみなせるかもしれない
(Sampson, 1998)。

　倫理的な問題に対する私たちのアプローチは、本書で示されている私たち
の全般的なアプローチを反映している。つまり、私たちはいろいろな緊張状
態や難題に関して、謙虚な姿勢でその状況を受け止めると同時に、倫理的に
足元を固めるために、さまざまな状況にいる仲間たちと活発に交流するこ
とに重点を置き、柔軟にかつ集中的に検討することを主張したいのである
(Orlans, 2007)。

95

抑圧に対抗する実践

　歴史的にみて心理療法の理論を牽引してきたのは、社会的な要因を排除した精神内界的で心理学的な現象を強調する個人還元主義であった。よく引用されるのは、フロイトが 1886 年から 1903 年の間に子どもの性的虐待論を 180 度転回した例である。「対人関係」として表れているものは、その交流に埋め込まれた重要な構造的、制度的、社会的プロセスを伴うことにも私たちは気づいている。事実、一般には心理療法の活動そのものが社会的にかつシステミックに構成されたものと見なされるだろう（McNamee and Gergen, 1992; Parker et al., 1995）。心理療法で使われる診断や治療の言語は欠陥の言語を促進し、社会的に派生したというよりも、事実としての科学的合理主義を生み出していると議論されてきた（Szasz, 1961, 1963; Pilgrim, 1997）。「自己」の概念すら文化的に特有の現象と見なされるのである（Hoffman, 1992）。世の中の不平等やさまざまな人々が心理学的援助を必要とすることを考慮すると、私たちは絶えず広い社会学的な観点を持ち続け、クライエントに謙虚な姿勢で支援を提供する必要があると考える。私たちは抑圧に対抗する心理療法実践の訓練と認定を行う機関への支持を明確にして、そのような実践を信頼できる尺度でモニターする一方で、これは個々の実践家にとっての道徳的な問題でもあると考えている。統合的な実践の枠組みから見ると、先に私たちが本書のなかで打ち出した全体の枠組みを明確に表現したポイント、つまり文脈的であることや社会的であることが考慮されないことはありえない。私たちは、倫理的な問題と同様に、反－抑圧的な実践への問いもプロセスの問題であることを強調している。それは私たちの複雑な仕事のなかに、現在進行中の難問として現われているのである。

210

96

実践における専門家意識

　私たちが考える心理療法における専門家意識 professionalism とは、マクロな要因とミクロな要因の両方を処理できる能力である。さらに広いレベルでは、謙虚さや気づきを持ち、さまざまな概念化のバランスをとることにある。また専門家集団とクライエント、スーパーヴァイジー、訓練生との間で協働的でオープンな関係を支持していくことも必要だろう。

　統合的観点への私たちの取り組みは心理的苦痛に対する援助法は一つではないという認識から生まれており、私たちは絶えず関連する理論や研究を知ろうとする必要があり、実践や教育活動における新たな知見に興味を持つべきである。また理論と実践を緊密に結びつけることに関心を持つべきである。さらに細かいところでは、自身の実践においても、もしくはスーパーヴィジョンや教育においても、例えば境界をマネジメントすること、日々の良心的な気配り、そしてクライエントに提供するサービスの質への純粋な関心といった要因に常に注意を払うことがある。私たちの見解では、専門家意識は自分たちの活動をしっかりと振り返ることで大きく高められると考える。特にドナルド・ショーン（Schön, 1983）は、さまざまな学習レベル（Bateson, 1972）に基づくいくつかの重要なアイディアを開発してそれを職場環境に適用しているが、カウンセラーであれ心理療法家であれスーパーヴァイザーであれ、セラピーの現場で働く私たちにとって特に興味深い方法である。ボルトン（Bolton, 2005）もまた、リフレクティヴな実践を維持したり展開したりするためのいくつかの具体的なアイディアを述べており、特に互恵的尊重の質、心理療法の質への献身に基づく専門家として威厳あるアプローチ、そして私たちの仕事の最終的な成果への純粋な関心と開かれた態度を強調している。ただこれらのアイディアは私たち独自のアプローチにのみ関係しているわけではなく、どんなアプローチを採用したとしても基礎となる一般的な「メタコンピテンシー」であることに変わりないだろう。

97

心理療法のより広い領域

　心理療法の世界は、さまざまな領域とそれに関連する専門職集団とのつながりの増大に伴い、より小さな場所になってきている。さまざまな現場のなかで異なる見解やそれと関連した議論が飛び交い、緊張状態は存在するものであるが、それにもかかわらず、著者は二人とも他国の専門家と広範なつながりがあり、治療の専門家たちのなかで発展している動向にも気づいている。もし心理療法の領域を全体として概観するなら、私たちは多くの変化が起こっていることに気づくだろう。ホームズとベイトマン（Holms and Bateman, 2002）は、心理学的セラピーの重要性がよく知られるようになったこと、公認要件の強化と同様に訓練プログラムが増大していること、そして伝統や権威の相殺としてエビデンスベイスドへの要求が高まっていることを指摘している。彼らはまた、統合的アプローチの発展したものとして、特に弁証法的行動療法（DBT）、認知分析療法（CAT）、メンタライゼーションに基づく治療（MBT）を例に挙げて強調しているが、これらはすべて、提示された理論的根拠と指定された訓練に基づくある特定のブランドの統合なのである。この発展した状況をみても、単一学派での心理療法ではこの広汎な領域ではやっていけないことは明らかである。

　しかしながら、こうした心理療法の発展は、研究に基づくアプローチやエビデンスベイスドな実践を生み出す上で興味深い課題を投げかけている。例えばバーカム（Barkham, 2007）は心理療法の研究を世代別に概観しているが、特に第4世代といわれる最近の研究には心理療法のプロセスに基づいたものがあり、臨床的に意義深いとしている。また、今まで以上に研究と実践との間に潜在的にかなりの統合が進んでいるとも述べている。

98
心理療法組織の影

　私たちが特に興味を抱く一つの側面は、この領域に、競争、権力争い、行動化、羨望、憎しみ、貪欲、ナルシスティックな自己満足の追及が一貫して見られる点である。つまり私たちは、オリエンテーションや職業上の忠誠心とは関係なく、私たちの仕事につきまとう影の部分と共存しており、それを隠しきれていない。特に、自己省察のスキルを磨き、表向きは心理的な健康と結びついているはずの職業において、なぜこのようなことが起こるのかが興味深い。ピルグリム（Pilgrim, 1997）は、心理療法の歴史と専門家組織の構造をふまえた興味深い分析をしている。まず、心理療法の専門職集団は、当初の専門家アイデンティティ、例えば心理学、精神医学、ソーシャルワーク、看護師、薬剤師などの下位集団ごとに作られる。次に、専門職化に向けて学習と実践を組織化する流れが発生する。専門職化についてデ・スワーン（de Swaan, 1990）の論文を引用すると、専門職化のプロセスには典型的な構成要素があるという。つまり、可能な限りフルタイムの職業集団の確立を目指す、大学を含めた教育プログラムを行う訓練組織の設立、公式の委員会などの代議員組織の確立、実践家に対する正式な証明書の発行、特定の専門家のすべてのメンバーに対する行動規範の提示などである。こうした専門職化のプロセスは多くの異なるアプローチの心理療法の集団に起きていることがわかる。しかし、権力や公認や経済的リソースを競うさまざまな集団の間でしのぎを削る競争があり、実践の一般的基準について合意するには深刻な困難がある。心理療法家の国家資格登録の可能性をめぐる現在の政治的状況は、こうしたプロセスをより集中的に、そしてより生産的な形で引き出してきたように見える。おそらくは、より大きな「敵」——この場合は国家——を前にして、本音で接触し有益な議論ができるようになったということかもしれない。著者の一人は最近、心理療法の分野のコンピテンシーを明確にするプロセスに携わっている。このプロセスは、時に重圧を伴い困難なものであっ

たが、心理療法のさまざまなアプローチの中心的な関心事をより明確にすることにつながったと考えている。また、私たちが達成しようとしていることの明瞭な表現の追究と実践基準の明確化のなかで、そして実践家や養成コースのガイドラインを設定するなかで、重要な共通点が生じる領域も特定した。専門職の多くの仲間たちとともに、私たちも大きな関心を持ってこうした動きを見守っている。

99

統合的心理療法家の課題

　本書を通して、統合的心理療法の実践者が直面する多くの課題を読者自身が見極められることを願っている。最善の方法はひとつではないという認識は、私たちに異なるアプローチ間の緊張の維持を強い、私たちを膨大な範囲の関連文献や関連する研究活動に巻き込み、心理療法の効果の定義と研究法だけでなく、効果をめぐる継続的な議論の中心に私たちを巻き込む。このような状況のなかで、時に私たちは、何らかの確信を持って信じられる単一の方法があればどんなに心強いだろうと想像してしまう。参照すべき文献の範囲が決まってさえいれば。どんな状況でも利用できる明確に定義された一連の介入法さえあれば。もちろんこれは空想の産物である——私たちが直面している課題は別の状況でもいずれ現れるのだから。私たちにとって、時に反目し合う学派間の緊張を持ちこたえ、明確な根拠と謙虚さをもってその間の自らの道を歩み、それぞれに特殊であるクライエントと治療環境に新鮮な方法で対処することへの献身は、とりわけ困難を伴うものである。しかしそこには、人間的な出会いと成長の可能性という魅力的でとらえどころのないプロセスを、幅広い観点から探求できる興奮もある。私たち自身のアプローチは「選んで混ぜる」折衷的アプローチよりも統合的な首尾一貫性を重視している。しかし、検証可能なモデルとして開発されたいくつかの統合的アプローチとは異なり、私たちのアプローチは、人としてのセラピストの重要性と、その人が統合的アプローチにおいて独自のスタイルと一貫性を発展させる必要性を認識している。これは、治療や研究活動においてよりパッケージ化されたアプローチに好意的な近年の政治風土において、特に興味深い課題である。しかし、治療過程と治療結果の要因の複雑さに関する発展中の研究では、セラピストが具体的な介入として何を行ったかよりも、効果的な変化におけるクライエント特性の重要性と連動して、セラピストがそれをどのように行ったかに関心を寄せているように思われる（Cooper, 2008）。

100

最後の振り返り

　この本の執筆は、私たち自身の考え方と実践と、そしてそれが私たちの研修において、訓練・スーパーヴァイズを行った訓練生においてどのように発展してきたかを振り返る機会となった。ホランダーズ（Hollanders, 2007）は、統合ムーブメントの動向について考察し、二つの異なる哲学的立場を示した。まず、彼が近代主義／実証主義と呼ぶ立場があり、それは心理療法の有効性を生み出す多様な共通要因の活用に焦点を当て、並行してこれらを独自の構造を持つ一つの体系に統合することに関心を寄せる。実証主義の基盤は、多様な苦悩が存在する「現実」のなかで「真実」を追究することである。対照的に、ポストモダン／構成主義の立場は、完全に機能する人間を構成するものとは何か、あるいは心理療法の観点から提供されるべき的確な反応とは何かについて、いずれにおいても壮大な物語を排する立場である。次に彼は、私たちが先に言及したいくつかの操作的立場、特に技法折衷、理論統合、共通要因、統合への同化・調節的アプローチに焦点を当てて概説する。この二つの哲学的な柱とさまざまな操作的立場の可能な組み合わせの観点から、私たちは次のような多元的アプローチの認識において仕事をしていると考えている。それは、人間であることの意味と関わり、私たちが深く関与する専門職の複雑さを理解しようと試み、あらゆる状況や示された困難すべてに当てはまる心理療法的な解答を導き出すことはまず不可能であることを認識しようとするものである。私たちが運営する研修課程では、私たちが最先端であると考えるものを提供し、受講生が苦悩を前に有益なサービスを提供できることを願って、一連のヒューマニスティックな価値観と、協働の活力と、人間の奥深さと複雑さを理解し研究しようとする姿勢に基づくアプローチの探求に共に参加する機会を提供している。この点に関して、私たちのこれまでの経験は心強いものであった。

文献

Ainsworth, M. D., Blehar, M. C., Waters, E. and Wall, S. (1978) *Patterns of Attachment: A Psychological Study of the Strange Situation*. Hillsdale, NJ: Lawrence Erlbaum Associates, Inc.

Alexander, F. and French, T. M. (1946) *Psychoanalytic Therapy*. New York: Ronald Press.

American Psychiatric Association (APA) (2000) *Diagnostic and Statistical Manual of Mental Disorders (DSM-IV-TR)* (4th edn, text revision). Washington, DC: American Psychiatric Association. (日本精神神経学会・監修『DSM-IV-TR 精神疾患の診断・統計マニュアル』医学書院／2004 年)

American Psychological Association (2000) Division 44/Committee on Lesbian, Gay, and Bisexual Concerns Joint Task Force on Guidelines for Psychotherapy with Lesbian, Gay and Bisexual Clients. *American Psychologist*, 55, 1440-1451.

Aron, L. (1998/2000) Self-reflexivity and the therapeutic action of psychoanalysis. *Psychoanalytic Psychology*, 17(4), 667-689 (originally presented at the APA meeting in Toronto, 1998).

Aron, L. E. and Sommer-Anderson, F. (1998) *Relational Perspectives on the Body*. Hillsdale, NJ: Analytic Press.

Asay, T. P. and Lambert, M. J. (1999) The empirical case for the common factors in therapy: quantitative findings. In M. A. Hubble, B. L. Duncan and S. D. Miller (eds.) *The Heart and Soul of Change: What Works in Therapy*. Washington, DC: American Psychological Association.

Assagioli, R. (1975) *Psychosynthesis*. Wellingborough: Turnstone Press.

Barbas, H. (1995) Anatomic basis of cognitive-emotional interactions in the primate prefrontal cortex. *Neuroscience and Biobehavioral Reviews*, 19(3), 499-510.

Barkham, M. (2007) Methods, outcomes and processes in the psychological therapies across four successive research generations. In W. Dryden (ed.) *Dryden's Handbook of Individual Therapy* (5th edn). London: Sage.

Batchelor, A. and Horvath, A. (1999) The therapeutic relationship. In M. A. Hubble, B. L. Duncan and S. D. Miller (eds.) *The Heart and Soul of Change: What Works in Therapy*. Washington, DC: American Psychological Association.

Bateman, A. and Fonagy, P. (2006) *Mentalization-Based Treatment for Borderline Personality Disorder: A Practical Guide*. Oxford: Oxford University Press. (池田暁史・監訳『メンタライゼーション実践ガイド』岩崎学術出版社／2019 年)

Bateson, G. (1972) *Steps to an Ecology of Mind*. New York: Ballantine. (佐藤良明・訳『精神の生態学へ』岩波書店／2023 年)

Bayer, B. M. and Shotter, J. (eds.) (1998) *Reconstructing the Psychological Subject: Bodies, Practices and Technologies*. London: Sage.

Beck, A. T. (1976) *Cognitive Therapy and the Emotional Disorders*. New York: Meridian. (大野裕・訳『認知療法』岩崎学術出版社／1990 年)

Bedi, R. P., Davis, M. D. and Williams, M. (2005) Critical incidents in the formation of the therapeutic alliance from the client's perspective. *Psychotherapy: Theory, Research, Practice, Training*, 42(3), 311-323.

Beebe, B. (2000) Co-constructing mother-infant distress: the microsynchrony of maternal impingement and infant avoidance in the face-to-face encounter. *Psychoanalytic Inquiry*, 20(3), 421-440.

Beebe, B. and Lachmann, F. M. (2002) *Infant Research and Adult Treatment: Co-constructing interactions.* Hillsdale, NJ: Analytic Press.（富樫公一・監訳『乳児研究と成人の精神分析』誠信書房／2008 年）

Beebe, B., Knoblauch, S., Rustin, J. and Sorter, D. (2005) *Forms of Intersubjectivity in Infant Research and Adult Treatment.* New York: Other Press.（丸田俊彦・訳『乳児研究から大人の精神療法へ』岩崎学術出版社／2008 年）

Beisser, A. (1970) The paradoxical theory of change. In J. Fagan and I. L. Shepherd (eds.) *Gestalt Therapy Now: Theory, Techniques, Applications.* New York: Harper & Row.

Beitman, B. D. (1992) Integration through fundamental similarities and useful differences among the schools. In J. C. Norcross and M. R. Goldfried (eds.) *Handbook of Psychotherapy Integration.* New York: Basic Books.

Beitman, B. D., Soth, A. M. and Bumby, N. A. (2005) The future as an integrating force through the schools of psychotherapy. In J. C. Norcross and M. R. Goldfried (eds.) *Handbook of Psychotherapy Integration.* New York: Oxford University Press.

Benjamin, J. (1995) *Like Subjects, Love Objects: Essays on Recognition and Sexual Difference.* New Haven and London: Yale University Press.

Berger, P. and Luckmann, T. (1966) *The Social Construction of Reality.* London: Penguin.（山口節郎・訳『現実の社会的構成』新曜社／2003 年）

Berne, E. (1961) *Transactional Analysis in Psychotherapy.* New York: Ballantine.（繁田千恵・監訳『エリック・バーン 心理療法としての交流分析』星和書店／2021 年）

Berne, E. (1966) *Principles of Group Treatment.* New York: Grove Press.

Berne, E. (1972) *What Do You Say After You Say Hello?* London: Corgi.（江花昭一・監訳『エリック・バーン人生脚本のすべて』星和書店／2018 年）

Bohart, A. C. (2000) The client is the most important common factor: clients' self-healing capacity and psychotherapy. *Journal of Psychotherapy Integration,* 10, 127-150.

Bohart, A. C., Elliott, R., Greenberg, L. S. and Watson, J. C. (2002) Empathy. In J. C. Norcross (ed.) *Psychotherapy Relationships that Work: Therapist Contributions and Responsiveness to Patients.* New York: Oxford University Press.

Bollas, C. (1991) *The Shadow of the Object: Psychoanalysis of the Unthought Known.* London: Free Association Books.（岡達治ほか・訳『対象の影』岩崎学術出版社／2009 年）

Bolton, G. (2005) *Reflective Practice: Writing and professional development* (2nd edn). London: Sage.

Bordin, E. S. (1994) Theory and research on the therapeutic working alliance: new directions. In A. O. Horvath and L. S. Greenberg (eds.) *The Working Alliance: Theory, Research and Practice.* New York: Wiley.

Boston Change Process Study Group (2008) Forms of relational meaning: issues in the relations between the implicit and reflective domain. *Psychoanalytic Dialogues,* 18(2), 125-148.

Bowlby, J. (1953) *Child Care and the Growth of Love.* Harmondsworth: Pelican.

Bowlby, J. (1971) *Attachment and Loss, Vol. 1. Attachment.* Harmondsworth: Pelican.（黒田実郎ほか・訳『母子関係の理論Ⅰ：愛着行動』岩崎学術出版社／1991 年）

Bowlby, J. (1975) *Attachment and Loss, Vol. 2. Separation: Anxiety and Anger.* Harmondsworth: Pelican.（黒田実郎ほか・訳『母子関係の理論Ⅱ：分離不安』岩崎学術出版社／1991 年）

Bowlby, J. (1979) *The Making and Breaking of Affectional Bonds.* London: Tavistock.（作田勉・監訳『ボウルビィ母子関係入門』星和書店／1981 年）

Bowlby, J. (1988) *A Secure Base: Clinical Applications of Attachment Theory.* London: Routledge.（二木武・監訳『母と子のアタッチメント』医歯薬出版社／1976 年）

Bowlby, J. (1998) *Attachment and Loss, Vol. 3. Loss: Sadness and Depression.* London: Pimlico. (黒田実郎ほか・訳『母子関係の理論Ⅲ：対象喪失』岩崎学術出版社／1992年)

Brazier, D. (1995) *Zen Therapy: Transcending the Sorrows of the Human Mind.* New York: Wiley.

Briere, J. and Scott, C. (2006) *Principles of Trauma Therapy: A Guide to Symptoms, Evaluation, and Treatment.* Thousand Oaks, CA: Sage.

British Psychological Society (BPS) (2006) *Code of Ethics and Conduct.* Leicester: British Psychological Society.

Buber, M. (1923/1996) *I and Thou* (translated by W. Kaufman). New York: Touchstone. (植田重雄・訳『我と汝・対話』岩波文庫／1979年)

Burckell, L. A. and Goldfried, M. R. (2006) Therapist qualities preferred by sexual-minority individuals. *Psychotherapy: Theory, Research, Practice, Training,* 43(1), 32-49.

Casement, P. (2002) *Learning from our Mistakes.* Hove, UK: BrunnerRoutledge. (松木邦裕・監訳『あやまちから学ぶ』岩崎学術出版社／2004年)

Chused, M. D. (1991) The evocative power of enactments. *Journal of the American Psychoanalytic Association,* 39, 615-639.

Clark, D. M. (1996) Anxiety states. In K. Hawton, P. M. Salkovskis, J. Kirk and D. M. Clark, *Cognitive Behaviour Therapy for Psychiatric Problems.* Oxford: Oxford University Press.

Clarkson, P. (1989) *Gestalt Counselling in Action.* London: Sage. (日保田裕子・訳『ゲシュタルト・カウンセリング』川島書店／1999年)

Clarkson, P. (1990) A multiplicity of psychotherapeutic relationships. *British Journal of Psychotherapy,* 7(2), 148-163.

Clarkson, P. (1992) *Transactional Analysis Psychotherapy.* London and New York: Routledge.

Clarkson, P. and Lapworth, P. (1992) Systemic integrative psychotherapy. In W. Dryden (ed.) *Integrative and Eclectic Therapy: A Handbook.* Buckingham: Open University Press.

Cooper, M. (2008) *Essential Research Findings in Counselling and Psychotherapy.* London: Sage. (清水幹夫ほか・監訳『エビデンスにもとづくカウンセリング効果の研究』岩崎学術出版社／2012年)

Copsey, N. (2006) Giving a voice to spiritual yearning. *British Journal of Psychotherapy Integration,* 3(1), 56-61.

Cozolino, L. J. (2002) *The Neuroscience of Psychotherapy: Building and Rebuilding the Human Brain.* New York: Norton.

Cozolino, L. J. (2006) *The Neuroscience of Human Relationships: Attachment and the Developing Social Brain.* New York: Norton.

Curry, A. (1964) Myth, transference and the black psychotherapist. *International Review of Psychoanalysis,* 5, 547-554.

Damasio, A. (1994) *Descartes' Error: Emotion, Reason and the Human Brain.* London: Macmillan. (田中三彦・訳『デカルトの誤り』筑摩書房／2010年)

Damasio, A. (2000) *The Feeling of What Happens: Body, Emotion and the Making of Consciousness.* London: Vintage. (田中三彦・訳『意識と自己』講談社／2018年)

De Swaan, A. (1990) *The Management of Normality.* London and New York: Routledge.

Dhillon-Stevens, H. (2005) Personal and professional integration of anti-oppressive practice and the multiple oppression model in psychotherapeutic education. *British Journal of Psychotherapy Integration,* 1 (2), 47-61.

Dollard, J. and Miller, N. E. (1950) *Personality and Psychotherapy.* New York: McGraw-Hill. (河合伊六ほか・訳『人格と心理療法』誠信書房／1972年)

Duncan, B. L., Miller, S. D. and Sparks, J. A. (2004) *The Heroic Client.* San Francisco: Jossey-Bass.

Elton Wilson, J. (1996) *Time-Conscious Psychological Therapy.* London and New York: Routledge.

Epstein, M. (1995) *Thoughts without a Thinker*. New York: Basic Books.

Erskine, R. G. (1994) Shame and self-righteousness: transactional analysis perspectives and clinical interventions. *Transactional Analysis Journal*, 24(2), 86-102.

Erskine, R. G. and Zalcman, M. J. (1979) The racket system. *Transactional Analysis Journal*, 9(1), 51-59.

Etherington, K. (2000) *Narrative Approaches to Working with Adult Male Survivors of Child Sexual Abuse*. London and Philadelphia: Jessica Kingsley Publishers.

Etherington, K. (2003) *Trauma, the Body and Transformation: A Narrative Inquiry*. London and New York: Jessica Kingsley Publishers.

Evans, K. R. (1994) Healing shame: a gestalt perspective. *Transactional Analysis Journal*, 24(2), 103-120.

Evans, K. R. and Gilbert, M. C. (2005) *An Introduction to Integrative Psychotherapy*. London: Palgrave.

Eubanks-Carter, C., Burckell, L. A. and Goldfried, M. R. (2005) Future directions in psychotherapy integration. In J. C. Norcross and M. R. Goldfried (eds.) *Handbook of Psychotherapy Integration*. New York: Oxford University Press.

Famularo, R., Kinscherff, R. and Fenton, T. (1992) Psychiatric diagnoses of abusive mothers: a preliminary report. *Journal of Nervous and Mental Disease*, 180, 658-661.

Feltham, C. (2007) Individual therapy in context. In W. Dryden (ed.) *Dryden's Handbook of Individual Therapy* (5th edn). London: Sage.

Ferenczi, S. (1994) *Final Contributions to the Problems and Methods of Psycho-Analysis* (edited by Michael Balint, translated by Eric Mosbacher and others). London: Karnac.

Fiedler, F. E. (1950) A comparison of therapeutic relationships in psychoanalysis, nondirective and Adlerian therapy. *Journal of Consulting Psychology*, 14, 239-245.

Field, T., Healy, B., Goldstein, S. and Guthertz, M. (1990) Behavior state matching and synchrony in mother-infant interactions of nondepressed versus depressed dyads. *Developmental Psychology*, 26(1), 7-14.

Fonagy, P. (2001) *Attachment Theory and Psychoanalysis*. London: Karnac. (遠藤利彦ほか・監訳『愛着理論と精神分析』誠信書房／2008 年)

Fonagy, P. and Target, M. (1997) Attachment and reflective function: their role in self-organization. *Development and Psychopathology, 9*, 679-700.

Fonagy, P., Steele, H., Moran, G., Steele, M. and Higgitt, A. (1991) The capacity for understanding mental states: the reflective self in parent and child and its significance for security of attachment. *Infant Mental Health Journal*, 13, 200-217.

Fonagy, P., Steele, H., Moran, G., Steele, M. and Higgitt, A. (1993) Measuring the ghost in the nursery: an empirical study of the relation between parents' mental representations of childhood experiences and their infants' security of attachment. *Journal of the American Psychoanalytic Association*, 41, 957-989.

Fonagy, P., Gergely, G., Jurist, E. L. and Target, M. (2002) *Affect Regulation, Mentalization, and the Development of the Self*. New York: Other Press.

Foucault, M. (1981) *The History of Sexuality*, Vol. 1. London: Penguin. (渡辺守章『性の歴史Ⅰ：知への意志』新潮社／1986 年)

Francis, D. D., Diorio, J., Liu, D. and Meaney, M. J. (1999) Nongenomic transmission across generations of maternal behavior and stress responses in the rat. *Science, 286*, 1155- 1158.

Frank, J. D. and Frank. J. B. (1961) *Persuasion and Healing*. Baltimore, MA: Johns Hopkins University Press.

Frank, J. D. and Frank, J. B. (1993) *Persuasion and Healing* (3rd edn). Baltimore, MA: Johns Hopkins University Press (first edition published 1961). (杉原保史・訳『説得と治療』

金剛出版／2007 年)

French, T. M. (1933) Interrelations between psychoanalysis and the experimental work of Pavlov. *American Journal of Psychiatry*, 89, 1165-1203.

Freud, S. (1913) On the beginning of treatment: further recommendations on the technique of psycho-analysis. In *Sigmund Freud Collected Papers, Vol. 2* (translated by Joan Riviere). New York: Basic Books, 1959. (「治療の開始について」藤山直樹・監訳『フロイト技法論集』岩崎学術出版／2014 年)

Freud, S. (1915) Further recommendations in the technique of psychoanalysis: observations on transference-love. In *Sigmund Freud Collected Papers, Vol. 2* (translated by Joan Riviere). New York: Basic Books, 1959. (「転移性恋愛についての見解」道籏泰三・訳『フロイト全集 第 13 巻』岩波書店)

Gabbard, G. O. (2005) *Psychodynamic Psychiatry in Clinical Practice* (4th edn). Washington, DC: American Psychiatric Publishing. (奥寺崇ほか・監訳『精神力動的精神医学』岩崎学術出版社／2019 年)

Gallese, V. (2001) The 'shared manifold' hypothesis: from mirror neurons to empathy. *Journal of Consciousness Studies*, 8(5-7), 33-50.

Gallese, V. and Goldman, A. (1998) Mirror neurons and the simulation theory of mind-reading. *Trends in Cognitive Sciences*, 2, 493-501.

Geertz, C. (1975) *The Interpretation of Cultures.* London: Hutchinson. (吉田禎吾ほか・訳『文化の解釈学I』岩波書店／1987 年)

Gelso, C. J. and Carter, J. A. (1985) The relationship in counselling and psychotherapy: components, consequences, and theoretical antecedents. *The Counselling Psychologist*, 13(2), 155-243.

Gelso, C. J. and Carter, J. A. (1994) Components of the psychotherapy relationship: their interaction and unfolding during treatment. *Journal of Counseling Psychology*, 41(3), 296-306.

George, C. and Main, M. (1996) Representational models of relationships: links between care giving and attachment. *Infant Mental Health Journal*, 17, 198-216.

Gergen, K. J. (2009) *An Invitation to Social Construction* (2nd edn). London: Sage. (東村知子・訳『あなたへの社会構成主義』ナカニシヤ出版／2004 年)

Gerhardt, S. (2004) *Why Love Matters: How Affection Shapes a Baby's Brain.* Hove and New York: Brunner-Routledge.

Gerson, S. (2004) The relational unconscious: a core element of intersubjectivity, thirdness, and clinical process. *Psychoanalytic Quarterly*, 73, 63-97.

Glaser, D. (2003) Early experience, attachment and the brain. In J. Corrigall and H. Wilkinson (eds.) *Revolutionary Connections: Psychotherapy and Neuroscience.* London: Karnac.

Glass, C. R. and Arnkoff, D. B. (2000) Consumers' perspectives on helpful and hindering factors in mental health treatment. *Journal of Clinical Psychology*, 56(11), 1467-1480.

Goldfried, M. R. (1980) Toward a delineation of therapeutic change principles. *American Psychologist*, 35(11), 991-999.

Goldfried, M. R. (1987) A common language for the psychotherapies: commentary. *Journal of Integrative and Eclectic Psychotherapy*, 6, 200-204.

Goldfried, M. R. (1995a) *From Cognitive-Behavior Therapy to Psychotherapy Integration.* New York: Springer.

Goldfried, M. R. (1995b) Toward a common language for case formulation. *Journal for Psychotherapy Integration*, 5(3), 221-224.

Goldfried, M. R., Pachantis, J. E. and Bell, A. E. (2005) A history of psychotherapy integration. In J. C. Norcross and M. R. Goldfried (eds.) *Handbook of Psychotherapy Integration.* New York: Oxford University Press.

Greenberg, J. R. (1999) Theoretical models of the analyst's neutrality. In S. A. Mitchell and L. Aron (eds.) *Relational Psychoanalysis:*

The Emergence of a Tradition. Hillsdale, NJ: Analytic Press.

Greenberg, J. R. and Mitchell, S. A. (1983) *Object Relations in Psychoanalytic Theory.* Cambridge, MA: Harvard University Press.

Greenson, R. R. (1965) The working alliance and the transference neurosis. *Psychoanalytic Quarterly*, 34, 155-181.

Guajardo, J. M. F. and Anderson, T. (2007) An investigation of psychoeducational interventions about therapy. *Psychotherapy Research*, 17(1), 120-127.

Guntrip, H. (1992) *Schizoid Phenomena, Object-Relations and the Self.* London: Karnac.

Hargaden, H. and Sills, C. (2002) *Transactional Analysis: A Relational Perspective.* London and New York: Routledge. (深澤道子・監訳『交流分析―心理療法における関係性の視点』日本評論社／2007 年)

Harr, R. (1986) *The Social Construction of Emotions.* New York: Blackwell.

Hart, S. (2008) *Brain, Attachment, Personality: An Introduction to Neuroaffective Development.* London: Karnac.

Hayley, J. (1978) *Problem-Solving Therapy.* San Francisco: Jossey-Bass. (佐藤悦子・訳『家族療法：問題解決の戦略と実際』川島書店／1985 年)

Heimann. P. (1950) On counter-transference. *International Journal of Psychoanalysis*, 31, 31-34.

Heller, W. (1993) Neuropsychological mechanisms of individual differences in emotion, personality, and arousal. *Neuropsychology*, 7, 476-489.

Herman, J. L. (1992) *Trauma and Recovery.* New York: Basic Books. (中井久夫ほか・訳『心的外傷と回復［増補新版］』みすず書房／2023 年)

Hill, C. E. and Knox, S. (2002) Self-disclosure. In J. C. Norcross (ed.) *Psychotherapy Relationships that Work: Therapist Contributions and Responsiveness to Patients.* New York: Oxford University Press.

Hoffman, L. (1992) A reflexive stance for family therapy. In S. McNamee and K. G. Gergen (eds.) *Therapy as Social Construction.* London: Sage. (野口裕二ほか・訳『ナラティヴ・セラピー：社会構成主義の実践』遠見書房／2014 年)

Hollanders, H. (2007) Integrative and eclectic approaches. In W. Dryden (ed.) *Dryden's Handbook of Individual Therapy* (5th edn). London: Sage.

Holmes, J. (1993) *John Bowlby and Attachment Theory.* London and New York: Routledge.

Holmes, J. and Bateman, A. (eds.) (2002) *Integration in Psychotherapy: Models and Methods.* Oxford: Oxford University Press.

Horvath, A. O. and Bedi, R. P. (2002) The alliance. In J. C. Norcross (ed.) *Psychotherapy Relationships that Work: Therapist Contributions and Responsiveness to Patients.* New York: Oxford University Press.

Houston, J. (1982) *The Possible Human.* Los Angeles: J. P. Tarcher.

Hubble, M. A., Duncan, B. L. and Miller, S. D. (1999) *The Heart and Soul of Change: What Works in Therapy.* Washington, DC: American Psychological Association.

Hycner, R. (1993) *Between Person and Person: Toward a Dialogical Psychotherapy.* Gouldsboro, ME: Gestalt Journal Press.

Hycner, R. and Jacobs, L. (1995) *The Healing Relationship in Gestalt Therapy.* Gouldsboro, ME: Gestalt Journal Press.

Izard, C. E. and Kobak, R. R. (1991) Emotions systems functioning and emotion regulation. In J. Garber and A. Dodge (eds.) *The Development of Emotion Regulation and Dysregulation.* Cambridge: Cambridge University Press.

Jacobs, J. J. (1986) On countertransference enactments. *Journal of the American Psychoanalytic Association*, 34, 289-307.

Jacobs, M. (1986) *The Presenting Past: An Introduction to Practical Psychodynamic Counselling.* Milton Keynes: Open University Press.

Jaffe, L. (ed.) (2004) *The Technique and Practice of Psychoanalysis, Vol 111: The Training Seminars of Ralph R. Greenson, M D*. Madison, CT: International Universities Press.

Johnson, S. (1994) *Character Styles*. New York: Norton.

Johnson, S. M. (1985) *Characterological Transformation: The Hard Work Miracle*. New York: Norton.

Joines, V. and Stewart, I. (2002) *Personality Adaptations*. Kegworth: Lifespace. (白井幸子ほか・監訳『交流分析による人格適応論』誠信書房／2007 年)

Jones, M. A., Botsko, M. and Gorman, B. S. (2003) Predictors of psychotherapeutic benefit of lesbian, gay and bisexual clients: the effects of sexual orientation matching and other factors. *Psychotherapy: Theory, Research, Practice, Training*, 40(4), 289-301.

Joyce, P. and Sills, C. (2001) *Skills in Gestalt Counselling and Psychotherapy*. London: Sage.

Jung, C. G. (1961) *Collected Works* 16, para 452. Quoted in A. Samuels (1985) *Jung and the Post-Jungians*. London: Tavistock.

Jung, C. G. (1968) *Analytical Psychology: Its Theory and Practice*. New Yark: Random House. (村本詔司ほか・訳『ユングとポスト・ユンギアン』創元社／1990 年)

Kahn, M. (1997) *Between Therapist and Client: The New Relationship*. New York: Henry Holt. (園田雅代・訳『セラピストとクライエント』誠信書房／2000 年)

Kandel, E. R. (2005) *Psychiatry, Psychoanalysis, and the New Biology of Mind*. Washington, DC: American Psychiatric Publishing.

Kareem, J. and Littlewood, R. (eds.) (2000) *Intercultural Therapy* (2nd edn). Oxford: Blackwell.

Karr-Morse, R. and Wiley, M. S. (1997) *Ghosts from the Nursery: Tracing the Roots of Violence*. New York: Atlantic Monthly Press. (朝野富三ほか・監訳『育児室からの亡霊』毎日新聞出版／2000 年)

Kaufman, G. (1989) *The Psychology of Shame*. London and New York: Routledge.

Kepner, J. I. (1987) *Body Process: A Gestalt Approach to Working with the Body in Psychotherapy*. New York: Gestalt Institute of Cleveland Press.

King, M., Semylin, J., Killaspy, H., Nazareth, I. and Osborn, D. (2007) *A Systematic Review of Research on Counselling and Psychotherapy for Lesbian, Gay, Bisexual and Transgender People*. Rugby: BACP.

Kohut, H. (1977) *The Restoration of the Self*. Madison, CT: International Universities Press.

Kohut, H. (1978) *The Search for the Self: Selected Writings of Heinz Kohut Volume 1*. Madison, CT: International Universities Press. (本城秀次ほか・訳『自己の修復』みすず書房／1995 年)

Kohut, H. (1984) *How Does Analysis Cure?* Chicago: Chicago University Press. (幸順子ほか・訳『自己の治癒』みすず書房／1995 年)

Kohut, H. (1990) *The Search for the Self: Selected Writings of Heinz Kohut Volume 3*. Madison, CT: International Universities Press.

Kohut, H. (1992) *The Analysis of the Self*. Madison, CT: International Universities Press. (水野信義ほか・監訳『自己の分析』みすず書房／1994 年)

Krueger, D. W. (1989) *Body Self and Psychological Self*. New York: Brunner/Mazel.

Krystal, H. (1968) *Massive Psychic Trauma*. Madison, CT: International Universities Press.

Krystal, H. (1988) *Integration and Self-healing: Affect, Trauma, Alexithymia*. Hillsdale, NJ: Analytic Press.

Kutchins, H. and Kirk, S. A. (1997) *Making Us Crazy: DSM: The Psychiatric Bible and the Creation of Mental Disorders*. London: Constable. (高木俊介ほか・監訳『精神疾患はつくられる』日本評論社／2002 年)

Lago, C. and Thompson, J. (1996) *Race, Culture and Counselling.* Buckingham: Open University Press.

Laing, R. (1960) *The Divided Self.* Harmondsworth: Penguin. (阪本健二ほか・訳『ひき裂かれた自己』みすず書房／1971 年)

Lapworth, P., Sills, C. and Fish, S. (2001) *Integration in Counselling and Psychotherapy.* London: Sage.

Layard, R., Bell, S., Clark, D., Knapp, M., Baroness Meacher, Priebe, S., Thornicroft, G., Lord Turnberg and Wright, B. (2007) *The Depression Report.* London: HMSO.

Lazarus, A. A. (1981) *The Practice of Multi-Modal Therapy.* New York: McGraw-Hill. (高石昇・監訳『マルチモード・アプローチ』二瓶社／1999 年)

Leach, C., Lucock, M., Barkham, M., Noble, R., Clarke, L. and Iveson, S. (2005) Assessing risk and emotional disturbance using the CORE-OM and HoNOS outcome measures. *Psychiatric Bulletin, 29,* 419-422.

Leader, D. (2008) A quick fix for the soul. *Guardian,* 9 September.

Leahey, T. H. (2004) *A History of Psychology: Main Currents in Psychological Thought* (6th edn). Upper Saddle River, NJ: Pearson Pren tice Hall. (宇津木保・訳『心理学史』誠信書房／1986 年)

LeDoux, J. (1998) *The Emotional Brain.* London: Phoenix. (松本元ほか・訳『エモーショナル・ブレイン』東京大学出版会／2003 年)

Lee, R. R. and Martin, J. C. (1991) *Psychotherapy after Kohut: A Textbook of Self Psychology.* Hillsdale, NJ: Analytic Press. (阪永子・訳『自己心理学精神療法』岩崎学術出版社／1993 年)

Lewin, K. (1997) *Resolving Social Conflicts and Field Theory in Social Science.* Washington, DC: American Psychological Association. (猪股佐登留・訳『社会科学における場の理論』ちとせプレス／2017 年)

Linehan, M. L. (1993) *Cognitive-Behavioral Treatment for Borderline Personality Disorder.* New York: Guilford Press. (大野裕・監訳『境界性パーソナリティ障害の弁証法的行動療法』誠信書房／2007 年)

Littlewood, R. and Lipsedge, M. (1997) *Aliens and Alienists: Ethnic Minorities and Psychiatry* (3rd edn). London and New York: Routledge.

Luborsky, L. (1994) Therapeutic alliances as predictors of psychotherapy outcomes: factors explaining the predictive success. In A. O. Horvath and L. S. Greenberg (eds.) *The Working Alliance: Theory, Research and Practice.* New York: Wiley.

Luborsky, L., Singer, B. and Luborsky, L. (1975) Comparative studies of psychotherapy: is it true that everyone has won and all will have prizes? *Archives of General Psychiatry, 32,* 995-1008.

Mackewn, J. (1997) *Developing Gestalt Counselling.* London: Sage.

McLaughlin, J. (1991) Clinical and theoretical aspects of enactment. *Journal of the American Psychoanalytical Association, 39,* 595-614.

McLaughlin, J. T. and Cornell, W. F. (eds.) (2005) *The Healer's Bent: Solitude and Dialogue in the Clinical Encounter.* Hillsdale, NJ: Analytic Press.

McLeod, J. (1997) *Narrative and Psychotherapy.* London: Sage. (下山晴彦・監訳『物語りとしての心理療法』誠信書房／2007 年)

McNamee, S. and Gergen, K. J. (eds.) (1992) *Therapy as Social Construction.* London: Sage. (野口裕二ほか・訳『ナラティヴ・セラピー：社会構成主義の実践』遠見書房／2014 年)

Maguire, K. (2001) Working with survivors of torture and extreme experiences. In S. Kink-Spooner and C. Newnes (eds.) *Spirituality and Psychotherapy.* Ross-on-Wye: PCCS.

Main, M. (1993) Discourse, prediction, and recent studies in attachment: implications for psychoanalysis. *Journal of the American Psychoanalytic Association, 41,* 209-244.

Main, M. (1995) Attachment: overview, with implications for 'clinical work. In S. Goldberg, R. Muir and J. Kerr (eds.) *Attachment Theory: Social, Developmental and Clinical*

Perspectives. Hillsdale, NJ: Analytic Press.

Main, M. (1996) Introduction to the special section on attachment and psychopathology: 2. Overview of the field of attachment. *Journal of Consulting and Clinical Psychology,* 64, 237-243.

Main, M. and Goldwyn, R. (1984) Predicting rejection of her infant from mother's representation of her own experience: Implications for the abused-abuser intergenerational cycle. *International Journal of Child Abuse and Neglect,* 8, 203-217.

Main, M. and Solomon, J. (1986) Discovery of an insecuredisorganized/disoriented attachment pattern. In T. B. Brazelton and M. Yogman (eds.) *Affective Development in Infancy.* Norwood, NJ: Ablex.

Main, M. and Solomon, J. (1990) Procedures for identifying infants as disorganized/disoriented during the Ainsworth Strange Situation. In M. T. Greenberg, D. Cicchetti and E. M. Cummings (eds.) *Attachment in the Preschool Years: Theory, Research and Intervention.* Chicago: University of Chicago Press.

Main, M., Kaplan, N. and Cassidy, J. (1985) Security in infancy, childhood and adulthood: a move to the level of representation. In I. Bretherton and E. Waters (eds.) *Growing Points of Attachment Theory and Research. Monographs of the Society for Research in Child Development,* 50(2-3), 66-104.

Mann, D. (1997) *Psychotherapy: An Erotic Relationship.* London and New York: Routledge.

Mann, D. (1999) *Erotic Transference and Countertransference: Clinical Practice in Psychotherapy.* London and New York: Routledge.

Maroda, K. J. (1991) *The Power of Countertransference: Innovations in Analytic Technique.* Chichester: Wiley.

Maroda, K. J. (2002) *Seduction, Surrender, and Transformation: Emotional Engagement in the Analytic Process.* Hillsdale, NJ: Analytic Press.

Martin, D. J., Garske, J. P. and Davis, K. M. (2000) Relation of the therapeutic alliance with outcome and other variables: a meta-analytic review. *Journal of Consulting and Clinical Psychology,* 68, 438-450.

Maslow, A. H. (1987) *Motivation and Personality* (3rd edn). New York: Harper & Row. (小口忠彦・訳『人間性の心理学』産業能率大学出版部／1987 年)

Masterson, J. F. (1985) *The Real Self.* New York: Brunner/Mazel.

May, R., Angel, E. and Ellenberger, H. F. (1958/1994) *Existence.* New Jersey: Jason Aronson. (伊藤博ほか・訳『実存』岩崎学術出版社／1977 年)

Mearns, D. and Thorne, B. (1988) *Person-Centred Counselling in Action.* London: Sage.

Mearns, D. and Cooper, M. (2005) *Working at Relational Depth in Counselling and Psychotherapy.* London: Sage. (中田行重ほか・訳『「深い関係性」がなぜ人を癒すのか』創元社／2021 年)

Messer, S. B. (2001) Introduction to special issue on assimilative integration. *Journal of Psychotherapy Integration,* 11(1), 1-4.

Messler Davies, J. (2003) Falling in love with love. *Psychoanalytic Dialogues,* 13(1), 1-27.

Miller, R. (2006) The first session with a new client: five stages. In R. Bor and M. Watts (eds.) *The Trainee Handbook: A Guide for Counselling and Psychotherapy Trainees* (2nd edn). London: Sage.

Miller, S. D., Duncan, L. D. and Hubble, M. A. (2005) Outcome-focused clinical work. In J. C. Norcross and M. R. Goldfried (eds.) *Handbook of Psychotherapy Integration.* New York: Oxford University Press.

Mitchell, S. A. and Aron, L. (eds.) (1999) *Relational Psychoanalysis: The Emergence of a Tradition.* Hillsdale, NJ: Analytic Press.

Mollon, P. (2001) *Releasing the Self: The Healing Legacy of Heinz Kohut.* London: Whurr. (上地雄一郎・訳『現代精神分析における自己心理学』北大路書房／2001 年)

Mollon, P. (2005) *EMDR and the Energy Therapies: Psychoanalytic Perspectives.* London: Karnac.

Myers, C. S. (1940) *Shell Shock in France 1914-1918.* Cambridge: Cambridge University Press.

Nathan, P. E. and Gorman, J. M. (2007) *A Guide to Treatments that Work* (3rd edn). New York: Oxford University Press.

Nathanson, D. L. (1992) *Shame and Pride.* New York: Norton.

Newman, A. (1995) *Non-compliance in Winnicott's Words: Companion to the Writings and Work of D. W. Winnicott.* London: Free Association Books.

Newnes, C. (2007) The implausibility of researching and regulating psychotherapy. *Journal of Critical Psychology, Counselling and Psychotherapy,* 7(4), 221 - 228.

Nijenhuis, E. R. S., Van der Hart, O. and Steele, K. (2004) Traumarelated structural dissociation of the personality. Retrieved 10 January 2009 from www.trauma-pages.comla/nijenhuis-2004.php

Norcross, J. C. (2002) Empirically supported therapy relationships. In J. C. Norcross (ed.) *Psychotherapy Relationships that Work: Therapist Contributions and Responsiveness to Patients.* New York: Oxford University Press.

O'Brien, M. and Houston, G. (2007) *Integrative Therapy: A Practitioner's Guide* (2nd edn). London: Sage.

Ogden, P., Minton, K. and Pain, C. (2006) *Trauma and the Body: A Sensorimotor Approach to Psychotherapy.* New York: Norton. (太田茂行・監訳『トラウマと身体』星和書店)

Ogden, T. H. (1999) The analytic third: working with intersubjective clinical facts. In S. Mitchell and L. Aron (eds.) *Relational Psychoanalysis: The Emergence of a Tradition.* Hillsdale, NJ: Analytic Press.

O'Hara, M. M. (1984) Person-centred gestalt: towards a holistic synthesis. In R. F. Levant and J. M. Shlien (eds.) *Client-Centred Ther-*

apy and the Person-Centred Approach: New Directions in Theory, Research and Practice. Westport, CT: Praeger.

O'Reilly Byrne, N. and Colgan McCarthy, I. (1999) Feminism, politics and power in therapeutic discourse: fragments from the fifth province. In I. Parker (ed.) *Deconstructing Psychotherapy.* London: Sage.

Orlans, V. (2007) From structure to process: ethical demands of the postmodern era. *British Journal of Psychotherapy Integration,* 4(1), 54-61.

Orlans, V. with Van Scoyoc, S. (2009) *A Short Introduction to Counselling Psychology.* London: Sage.

Orlinsky, D. E., Graw, K. and Parks, B. (1994) Process and outcome in psychotherapy - noch einmal. In A. E. Bergin and S. L. Garfield (eds.) *Handbook of Psychotherapy and Behavior Change* (4th edn). New York: Wiley.

Panksepp, J. (1998) *Affective Neuroscience: The Foundations of Human and Animal Emotions.* New York: Oxford University Press.

Parker, I., Georgaca, E., Harper, D., McLaughlin, T. and Stowell-Smith, M. (1995) *Deconstructing Psychopathology.* London: Sage.

Paul, G. L. (1967) Strategy of outcome research in psychotherapy. *Journal of Consulting Psychology,* 31(2), 109-118.

Perls, F., Hefferline, R. and Goodman, P. (1951/1994) *Gestalt Therapy: Excitement and Growth in the Human Personality.* Gouldsboro, ME: Gestalt Journal Press.

Pilgrim, D. (1997) *Psychotherapy and Society.* London: Sage.

Polster, E. (1995) *A Population of Selves.* San Francisco: Jossey-Bass.

Polster, E. and Polster, M. (1974) *Gestalt Therapy Integrated: Contours of Theory and Practice.* New York: Vintage Books.

Post, R. M., Weiss, S. R. B. and Leverich, G. S. (1994) Recurrent affective disorder: roots in developmental neurobiology and illness progression based on changes in gene expression. *Development and Psychopathology,* 6, 781-813.

Reddy, V. (2008) *How Infants Know Minds.* Cambridge, MA: Harvard University Press. (佐伯胖・訳『驚くべき乳幼児の心の世界』ミネルヴァ書房／2015年)

Ringstrom, P. A. (2001) Cultivating the improvisational in psychoanalytic treatment. *Psychoanalytic Dialogues,* 11, 727-754.

Rogers, C. R. (1951) *Client-centered Therapy.* Boston, MA: Houghton Mifflin. (保坂亨ほか・訳『クライアント中心療法』岩崎学術出版社／2005年)

Rogers, C. R. (1980) *A Way of Being.* Boston: Houghton Mifflin. (畠瀬直子・訳『人間尊重の心理学』創元社／2007年)

Rosen, S. (ed.) (1982) *My Voice Will Go With You: The Teaching Tales of Milton H. Erickson.* New York: Norton. (中野善行ほか・監訳『私の声はあなたとともに』二瓶社／1996年)

Roth, A. and Fonagy, P. (2005) *What Works for Whom: A Critical Review of Psychotherapy Research* (2nd edn). New York: Guilford Press.

Rothschild, B. (2000) *The Body Remembers: The Psychophysiology of Trauma and Trauma Treatment.* New York: Norton. (久保隆司・訳『PTSDとトラウマの心理療法』創元社／2009年)

Rowan, J. (2005) *The Transpersonal: Spirituality in Psychotherapy and Counselling* (2nd edn). London and New York: Routledge.

Rowan, J. and Jacobs, M. (2002) *The Therapist's Use of the Self.* Buckingham: Open University Press.

Rozenweig, S. (1936) Some implicit common factors in diverse methods in psychotherapy. 'At last,' the Dodo said, 'Everybody has won and all must have prizes.' *American Journal of Orthopsychiatry,* 6, 412-415.

Rupert, F. (2008) *Trauma, Bonding and Family Constellations: Understanding and Healing Injuries of the Soul.* Frome: Green Balloon.

Rycroft, C. (1979) *A Critical Dictionary of Psychoanalysis.* London: Penguin. (山口泰司・訳『精神分析学辞典』河出書房新社／1992年)

Ryle, A. (1990) *Cognitive-Analytic Therapy: Active Participation in Change.* Chichester: Wiley.

Safran, J. (1993) The therapeutic alliance rupture as a transtheoretical phenomenon: definitional and conceptual issues. *Journal of Psychotherapy Integration,* 3(1), 33-49.

Safran, J. D. and Muran, J. C. (2000) *Negotiating the Therapeutic Alliance: A Relational Treatment Guide.* New York: Guilford Press.

Safran, J. D. and Muran, J. C. (2006) Has the concept of the therapeutic alliance outlived its usefulness? *Psychotherapy: Theory, Research, Practice, Training,* 43(3), 286- 291.

Safran, J. D., Muran, J. C., Samstag, L. W. and Stevens, C. (2002) Repairing alliance ruptures. In J. C. Norcross (ed.) *Psychotherapy Relationships that Work: Therapist Contributions and Responsiveness to Patients.* New York: Oxford University Press.

Sampson, E. E. (1998) Life as an embodied art: the second stage- beyond constructionism. In B. M. Bayer and J. Shotter (eds.) *Reconstructing the Psychological Subject: Bodies, Practices and Technologies.* London: Sage.

Schiff, J. L., Mellor, K., Richman, D., Fishman, J., Wolz, L. and Mombe, D. (1975) *Cathexis Reader: Transactional Analysis Treatment of Psychosis.* New York: Harper and Row.

Schön, D. A. (1983) *The Reflective Practitioner: How Professionals Think in Action.* London: Temple Smith. (柳沢昌一・訳『省察的実践とは何か』鳳書房／2007年)

Schore, A. N. (1994) *Affect Regulation and the Origin of the Self: The Neurobiology of Emotional Development.* Hillsdale, NJ: Lawrence Erlbaum Associates, Inc.

Schore, A. N. (2003a) *Affect Dysregulation and Disorders of the Self.* New York: Norton.

Schore, A. N. (2003b) *Affect Regulation and the Repair of the Self.* New York: Norton.

Schore, A. N. (2003c) Early relational trauma, disorganized attachment, and the development of a predisposition to violence. In M. F. Solomon and D. J. Siegle (eds.) *Healing Trauma: Attachment, Mind, Body, and Brain.* New York: N orton.

Schore, A. N. (2005) *Repair of the Self: Psychotherapy for the 21st Century.* Conference presentation, London, September.

Schottenbauer, M. A., Glass, C. R. and Arnkoff, D. B. (2005) Outcome research on psychotherapy integration. In J. C. Norcross and M. R. Goldfried (eds.) *Handbook of Psychotherapy Integration.* New York: Oxford University Press.

Schwartz, J. M., Stoessel, P. W., Baxter, L. R., Martin, K. M. and Phelps, M. E. (1996) Systematic cerebral glucose metabolic rate changes after successful behavior modification treatment of obsessive-compulsive disorder. *Archives of General Psychiatry,* 53, 109-113.

Seligman, M. (1995) The effectiveness of psychotherapy: the consumer reports study. *American Psychologist,* 50(12), 965-974.

Siegel, D. J. (1999) *The Developing Mind.* New York: Guilford Press.

Siegel, D. J. (2001) Toward an interpersonal neurobiology of the developing mind: attachment relationships, 'mind sight', and neural integration. *Infant Mental Health Journal,* 22(1-2), 67-94.

Skills for Health (2008) *Psychological Therapies National Occupational Standard Development Project: Briefing Sheet.* Downloaded 11 September 2009 from www.skillsforhealth.org.uk and reflecting an update from 18 December 2008.

Slavin, J. H. (2007) The imprisonment and liberation of love: the dangers and possibilities of love in the psychoanalytic relationship. *Psychoanalytic Inquiry,* 27(3), 197-218.

Slochower, J. (1996) Holding something old and something new. In L. Aron and A. Harris (eds.) *Relational Psychoanalysis,* Vol. 2. Hillsdale, NJ: Analytic Press.

Smith, M. L. and Glass, C. V. (1977) Meta-analysis of psychotherapy outcome studies. *American Psychologist,* 32, 752-760.

Smith, S. (2006) The transpersonal: from 'subjective knowing' to neurobiology. *British Journal of Psychotherapy Integration,* 3(1), 16-23.

Smith Benjamin, L. S. (2003) *Interpersonal: Diagnosis and Treatment of Personality Disorders* (2nd edn). New York: Guilford Press.

Snyder, C. R., Michael, S. T. and Cheavens, J. S. (1999) Hope as a psychotherapeutic foundation of common factors, placebos, and expectancies. In M. A. Hubble, B. L. Duncan and S. D. Miller, *The Heart and Soul of Change: What Works in Therapy.* Washington, DC: American Psychological Association.

Spence, D. P. (1982) *Narrative Truth and Historical Truth: Meaning and Interpretation in Psychoanalysis.* New York: Norton.

Spinelli, E. (2007) *Practising Existential Psychotherapy.* London: Sage.

Steele, H. and Steele, M. (eds.) (2008) *Clinical Applications of the Adult Attachment Interview.* New York: Guilford Press.

Stern, D. (1983) Unformulated experience-from familiar chaos to creative disorder. *Contemporary Psychoanalysis,* 19, 71-99.

Stern, D. N. (1985a) Affect attunement. In J. D. Call, E. Galenson and R. L. Tyson (eds.) *Frontiers of Infant Psychiatry, Vol. 2.* New York: Basic Books.

Stern, D. N. (1985b) *The Interpersonal World of the Human Infant: A View from Psychoanalysis and Developmental Psychology* (1st edn). New York: Basic Books.（小此木啓吾ほか・監訳『乳児の対人世界［理論編・臨床編］』岩崎学術出版社／1989・1991 年）

Stern, D. N. (2003) *The Interpersonal World of the Human Infant: A View from Psychoanalysis and Developmental Psychology* (2nd edn). London: Karnac (first published by Basic Books, 1998).

Stern, D. N. (2004) *The Present Moment in Psychotherapy and Everyday Life*. New York: Norton. (奥寺崇・監訳『精神療法と日常生活における現在の瞬間』岩崎学術出版社／2007 年)

Stern, D. N. and the Boston Change Process Study Group (2003) On the other side of the moon: the import of implicit knowledge for Gestalt therapy. In M. Spagnuolo Lobb and N. Amendt-Lyon (eds.) *Creative License: The Art of Gestalt Therapy*. New York: Springer.

Stiles, W. B., Barkham, M., Mellor-Clark, J. and Connell, J. (2008) Effectiveness of cognitive-behavioural, person-centred, and psychodynamic therapies in UK primary-care routine practice: replication in a larger sample. *Psychological Medicine*, 38, 677-688.

Stolorow, R. D. and Atwood, G. E. (1992) *Contexts of Being*. Hillsdale, NJ: Analytic Press.

Stolorow, R. D., Atwood, G. E. and Brandchaft, B. (1994) *The Intersubjective Perspective*. Northvale, NJ: Jason Aronson.

Strathearn, L. (2007) Exploring the neurobiology of attachment. In L. Mayes, P. Fonagy and M. Target, *Developmental Science and Psychoanalysis*. London: Karnac.

Sunderland, M. (2000) *Using Story Telling as a Therapeutic Tool with Children*. Bicester: Speechmark.

Suzuki, D. T. (1969) *An Introduction to Zen Buddhism*. London: Rider. (増原良彦・訳『禅仏教入門』中央公論新社／2008 年)

Szasz, T. (1961) *The Myth of Mental Illness: Foundations of a Theory of Personal Conduct*. New York: Dell.

Szasz, T. (1963) *Law, Liberty and Psychiatry: An Inquiry into the Social Uses of Mental Health Practices*. New York: Macmillan.

Tallman, K. T. and Bohart, A. C. (2005) The client as a common factor: clients as self healers. In J. C. Norcross and M. R. Goldfried (eds.) *Handbook of Psychotherapy Integration*. New York: Oxford University Press.

Timerman, J. (1988) *Prisoner Without a Name: Cell Without a Number* (translated by T. Talbot). New York: Vintage.

Tolpin, M. (1997) Compensatory structures: paths to the restoration of the self. In A. Goldberg (ed.) *Conversations in Self Psychology: Progress in Self Psychology, Vol.* 13. Hillsdale, NJ: Analytic Press.

Tolpin, M. (2002) Doing psychoanalysis of normal development: forward edge transferences. In A. Goldberg (ed.) *Postmodern Self Psychology: Progress in Self Psychology, Vol.* 18. Hillsdale, NJ: Analytic Press.

Trevarthen, C. (1989) Development of early social interactions and the affective regulation of brain growth. In C. von Euier, H. Forssberg and H. Lagercrantz (eds.) *Neurobiology of Early Infant Behaviour*. London: Macmillan.

Trevarthen, C. (1993) The self born in intersubjectivity: the psychology of an infant communicating. In U. Neisser (ed.) *The Perceived Self: Ecological and Interpersonal Sources of Self Knowledge*. New York: Cambridge University Press.

Trevarthen, C. (2001) Intrinsic motives for companionship in understanding: their origin, development, and significance for infant mental health. *Infant Mental Health Journal*, 22(1-2), 95-131.

Tronick, E. Z. and Weinberg, M. K. (1997) Depressed mothers and infants: failure to form dyadic states of consciousness. In L. Murray and P. J. Cooper (eds.) *Postpartum Depression and Child Development*. New York: Guilford Press.

Trüb, H. (1964) From the self to the world (translated by W. Hallo). In M. S. Friedman (ed.) *The Worlds of Existentialism: A Critical Reader*. Chicago: University of Chicago Press (original work published 1947).

Tryon, G. S. and Winograd, G. (2002) Goal consensus and collaboration. In J. C. Norcross (ed.) *Psychotherapy Relationships that Work: Therapist Contributions and Responsiveness to Patients*. Oxford: Oxford University Press.

文献

Van der Hart, O., Nijenhuis, R. S. and Steele, K. (2006) *The Haunted Self.* New York: Norton.

van der Kolk, B. A., McFarlane, A. C. and Weisaeth, L. (eds.) (1996) *Traumatic Stress: The Effects of Overwhelming Experience on Mind, Body, and Society.* New York: Guilford Press. (西澤哲・監訳『トラウマティック・ストレス』誠信書房／2001 年)

Vargiu, J. G. (1974) Subpersonalities. *Psychosynthesis Workbook*, 1(1), 9-46.

Wachtel, P. L. (1977) *Psychoanalysis and Behavior Therapy: Toward an Integration.* New York: Basic Books.

Wahl, B. (1999) Practising western therapies from a transpersonal perspective (and feeling okay about it). *Transpersonal Psychology Review*, 3(1), 14-20.

Wampold, B. E. (2001) *The Great Psychotherapy Debate.* Mahwah, NJ: Lawrence Erlbaum Associates, Inc.

Wampold, B. E., Mondin, G. W., Moody, M., Stich, F., Benson, K. and Hyun-nie Ahn (1997) A meta-analysis of outcome studies comparing bona fide psychotherapies. Empirically, all must have prizes. *Psychological Bulletin*, 123, 203-216.

Ware, P. (1983) Personality adaptations. *Transactional Analysis Journal*, 13(1), 11-19.

Watkins, C. E. (1990) The effects of counsellor self-disclosure: a research review. *Counselling Psychologist*, 18(3), 477-500.

Watts, A. (1979) *The Wisdom of Insecurity: A Message for an Age of Anxiety.* London: Rider.

Wheeler, G. (1991) *Gestalt Reconsidered: A New Approach to Contact and Resistance.* New York: Gardener Press.

Wheeler, M. A., Stuss, D. T. and Tulving, E. (1997) Toward a theory of episodic memory: the frontal lobes and autonoetic consciousness. *Psychological Bulletin*, 121, 331-354.

Whitmore, D. (2000) *Psychosynthesis Counselling in Action* (2nd edn). London: Sage.

Wilber, K. (1996) *The Atman Project: A Transpersonal View of Human Development* (2nd edn). Wheaton, IL: Theosophical Publishing House. (吉福伸逸ほか・訳『アートマン・プロジェクト』春秋社／1986 年)

Wilber, K. (2006) *Integral Spirituality.* Boston and London: Integral Books. (松永太郎・訳『インテグラル・スピリチュアリティ』春秋社／2008 年)

Wilkins, W. (1979) Expectancies in therapy research: discriminating among heterogeneous nonspecifics. *Journal of Consulting Clinical Psychology*, 47, 837-845.

Williams, M., Teasdale, J., Segal, Z. and Kabat-Zinn, J. (2007) *The Mindful Way Through Depression: Freeing Yourself From Chronic Unhappiness.* New York: Guilford Press.

Willock, B. (2007) *Comparative-Integrative Psychoanalysis: A Relational Perspective for the Discipline's Second Century.* New York: Analytic Press.

Wilson, J. P. and Raphael, B. (eds.) (1993) *The International Handbook of Traumatic Stress Syndromes.* New York: Plenum Press.

Wilson, M. (1993) DSM-III and the transformation of American psychiatry: a history. *American Journal of Psychiatry*, 150, 399-410.

Winnicott, C., Shepherd, R. and Davis, M. (eds.) (1989) *Psychoanalytic Explorations.* London: Karnac.

Winnicott, D. W. (1956/2002) Clinical varieties of transference. In M. Khan (ed.) *D. W. Winnicott: Collected Papers: Through Paediatrics to Psychoanalysis.* London: Karnac. (北山修・監訳『小児医学から精神分析へ』岩崎学術出版社／2005 年)

Winnicott, D. W. (1963) Dependence in infant care, in child care, and in the psycho-analytic setting. *International Journal of Psycho-Analysis*, 44, 339-344.

Winnicott, D. W. (1964) *The Child, the Family, and the Outside World.* Harmondsworth: Penguin. (猪股丈二・訳『子どもと家族とまわりの世界［上・下］』星和書店／1985・1986 年)

Winnicott, D. W. (1965/1990) *The Maturational Processes and the Facilitating Environment.* London: Karnac (first published by Hogarth Press, 1965). (大矢泰士・訳『完訳・成熟過程と促進的環境』岩崎学術出版社／2022年)

Winnicott, D. W. (1965/2006) *The Family and Individual Development.* London: Routledge (first published by Tavistock Publications, 1965).

Winnicott, D. W. (1988) *Human Nature.* London: Free Association Books. (牛島定信・監訳『人間の本性』誠信書房／2004年)

Winnicott, D. W. (1989a) Ideas and definitions 1950s. In C. Winnicott, R. Shepherd and M. Davis (eds.) *Psychoanalytic. Explorations.* London: Karnac. (館直彦・監訳『精神分析的探究1:精神と身体』岩崎学術出版社／2001年)

Winnicott, D. W. (1989b) The use of an object and relating through identifications. In C. Winnicott, R. Shepherd and M. Davis (eds.) *Psychoanalytic Explorations.* London: Karnac. (北山修・監訳『精神分析的探究2：狂気の心理学』岩崎学術出版社／1998年)

Wolf, E. (1988) *Treating the Self.* New York: Guilford Press. (安村直己ほか・訳『新装版 自己心理学入門』金剛出版／2016年)

Wolfe, B. E. (2001) A message to assimilative integrationists: it's time to become accommodative integrationists: a commentary. *Journal of Psychotherapy Integration*, 11(1), 123-133.

Wright, K. (1991) *Vision and Separation: Between Mother and Baby.* London: Free Association Press.

Yalom, I. D. (1980) *Existential Psychotherapy.* New York: Basic Books.

Yalom, I. D. (2001) *The Gift of Therapy: Reflections on Being a Therapist.* London: Piatkus. (岩田真理・訳『ヤーロムの心理療法講義』白揚社／2007年)

Yelland, I. and Midence, K. (2007) The role of transference and counter-transference in the therapeutic relationship within CBT. *Clinical Psychology Forum*, November, 7-10.

Yontef, G. M. (1993) *Dialogue, Awareness and Process: Essays on Gestalt Therapy.* Gouldsboro, ME: Gestalt Journal Press.

Young, J. E., Klosko, J. S. and Weishaar, M. E. (2003) *Schema Therapy: A Practitioner's Guide.* New York: Guilford Press. (伊藤絵美・監訳『スキーマ療法』金剛出版／2008年)

Zetzel, E. R. (1956) Current concepts of transference. *International Journal of Psychotherapy*, 37, 369-376.

Zinker, J. (1978) *Creative Process in Gestalt Therapy.* New York: Vintage Books.

監訳者あとがき

　著者のギルバートとオーランズ、そして本書については監訳者まえがきで
紹介されているので、ここでは翻訳の経緯について記すこととする。

　本書は、Routledge 社が刊行する 100 Key Points and Techniques シリーズ
のうちの一冊で、シリーズ全体の監修者は REBT（論理情動行動療法）で著
名なウェンディ・ドライデンである。本シリーズは他に、認知療法、論理情
動行動療法、家族療法、交流分析、パーソン・センタード・セラピー、ゲシュ
タルト療法があり、認知療法については邦訳されている（ニーナン／ドライ
デン『認知行動療法 100 のポイント』（石垣琢麿監訳）金剛出版 2010 年）。シ
リーズ監修者のドライデンも、本書の著者のギルバートとオーランズもロン
ドンで活躍する臨床家・研究者であり、かつてアメリカの臨床心理学や心理
療法を輸入する傾向にあった日本の臨床心理業界も、イギリスを筆頭に世界
各地の知見を取り入れだした感があり興味深い。

　心理療法統合の潮流は、アメリカを中心に 1970 年ごろから始まったよ
うである。心理療法統合探求学会（Society for Exploration of psychotherapy
Integration: 通称 SEPI）が 1979 年に設立され、その後アメリカ、イギリス、
カナダなど欧米諸国で発展し、その流れが日本にも入ってきたのが 2000 年
前後であったかと思われる。監訳者の一人（東）はそのころから、日本心理
臨床学会にて心理療法の統合や折衷をテーマに個人発表を行ってきた。感情
や身体性、終結などをサブテーマとして、心理療法統合に理解があるであろ
うベテランの臨床家を座長に指名してその反応を確かめた。当時のフロアか
らは、「器用なセラピストですね」「何でもできるんですね」といった皮肉め
いた発言が多かった。そのなかで、当時も開業家として名が知られていた
（今やこの業界のトップクラスの役割を担っている）あるセラピストが、「発表
者は心理療法の世界のサバイバーである」と言ってくださったことを鮮明に
覚えている。当時と比べ、現在の心理療法統合への理解は隔世の感がある。

　監訳者や分担訳者らは、2010 年から「関西折衷的心理療法研究会」を開
催し勉強を続けてきた。その 5 年前には関東在住の有志が集まり「心理療法
統合を考える会」として活動しており、合同して日本心理臨床学会を中心に
さまざまなテーマで自主シンポジウムを行ってきた。そして、2014 年より

「東西統合の会」の開催を続けたが、ついに2019年、日本心理療法統合学会が設立され、2023年3月には無事第4回大会を終えることができた。日本でもようやく心理療法統合の動きが始まったことは誠に感慨深い。

このような動向のなか、世界と日本の心理療法の展開は急速で、認知行動療法ではマインドフルネスやコンパッションが、精神分析療法では関係精神分析やメンタライゼーションが台頭してきた。また精神分析とパーソン・センタード・アプローチの接点（？）としてAEDP（加速化体験力動療法）も注目された。さらに脳科学の知見も取り入れつつトラウマの心理支援の流れから派生したポリヴェーガル理論やPE（持続エクスポージャー療法）、EMDR、SE（ソマティック・エクスペリエンス）などがあり、独立した心理療法ではあるが実質は統合的であるといえるセラピーが多く生まれている。

本書の翻訳の経緯は、まさにこのようなわが国における心理療法統合の動向と軌を一にしている。上述のように統合の学会が立ち上がり、理論統合や技法折衷の紹介が珍しがられた時代から、もはや心理療法を統合的・折衷的に用いるのが当然であるような雰囲気が醸成されてきた。そしてわが国にとって何よりも大きなトピックは、2018年に初の国家資格である公認心理師が誕生したことであろう。長年の懸案であった心理職の国家資格は、さまざまな議論の末に医療領域での必要性を中心に成立したように思われる。それまでの専門資格である臨床心理士とは性格を大きく異にし、とりわけ大きな相違点は、心理療法や心理アセスメントという言い方が前面には出ず、一括して心理支援と言われるようになり、心理療法は「要支援者に対する相談、助言、指導」となったことであろう。そこでは、専門的援助理論・方法である心理療法のニュアンスは弱まり、他職種との連携のなかで広く浅く支援するのが心理職の役割となったとの感が否めない。広く国民の心の健康の支援をという大局的な見方をする向きもあろうが、深く心理療法を志してきたセラピストは、心許なく拍子抜けしているのではなかろうか。国家資格としての公認心理師が国民に広く浸透していくであろう今こそ、専門的技術としての心理療法を大切に考え、人々の心の健康に役立てるために公認心理師は研鑽を積むべきであるし、そこに心理療法統合の大きな役割があろう。

さて、本書の内容は目次を一読してもわかる通り非常に広く多彩である。古典的な心理療法からナラティヴ、メンタライゼーション、マインドフルネスなどの最新の動向を網羅しているのはもちろん、神経科学やトラウマ論、文化論、倫理まで論議を広げている。そして監訳者まえがきにもあるように、

関係性の観点を軸に論じているところに監訳者はわが意を得たりと感じ入っているところである。

　本書を訳そうと思い立ち、心理療法統合を志す仲間を集め翻訳作業を開始してから、さまざまな事情により長い年月を要してしまった。その間に訳者の所属も変わり、定年退職をした人もいる。私事で恐縮だが、この文章を書いている監訳者の一人（東）は二人の子どもが結婚し二人の孫もでき、家族、親類が一気に増えて人生観まで変わってしまった。本書の翻訳と定年も間近に迫った自身の人生の過程を重ね合わせ、誠に感慨深いものがある。また、この翻訳作業の間に、先述した通り念願の心理療法統合の学会を立ち上げ、半年後には早くも第5回の大会を予定している。このような状況のもと翻訳書を世に送る喜びは、訳者一同非常に強いものがある。

　本書出版にあたり多くの方々に謝辞を申し述べたい。まず、刊行を長い間待たせてしまった訳者の皆さんにはお詫びと心からのお礼を申し上げたい。また、心理療法統合の動きがわが国で始まる前から、関西折衷的心理療法研究会にて共に切磋琢磨してきた先生方、そして心理療法統合学会の準備、立ち上げから設立、大会開催と努力を重ね、軌道に乗せていただいた福島哲夫理事長はじめ理事・幹事の先生方には、苦楽を共にしてきた同志（先輩方）として感謝したい。また、監訳の際に貴重なご助言をいただいた新宮一成氏（京都産業大学保健診療所／奈良大学総合研究所）に感謝したい。金剛出版編集部の高島徹也氏は、長期にわたる翻訳作業につき合っていただき、丁寧な校正作業と時に鋭い問題提起により監訳者を奮い立たせてくれた。おかげで翻訳完了後もさらなる熟考作業により本書の神髄を説き起こすことができたように思う。専門書編集者のスキルとパワーに敬意を表するとともに心からの謝意を申し述べたい。

　本書が、心理療法の統合を志す臨床家・研究者はもちろん、広く心理療法や臨床心理学を生業とするベテランの方々の目に触れることを期待している。これから心理療法を学び実践しようとしている初心の臨床家や大学院生にも役立つ本であると確信し、あとがきの筆を擱きたい。

　記録的猛暑の季節のなかで、かすかに夏の終わりの空気を感じつつ

監訳者を代表して　東 斉彰

索引

▼人名索引（五十音順）

アサイ Asay, T.P.⋯028, 114

アサジオリ Assagioli, R.⋯076

アトウッド Atwood, G.E.⋯063, 071, 072, 090, 127, 137, 152, 158, 159

アレクサンダー Alexander, F.⋯129

ヴァン・デア・コーク van der Kolk, B.⋯084, 085

ヴァン・デル・ハート Van der Hart, O.⋯086, 180

ウィニコット Winnicott, D.W.⋯019, 054, 055, 063, 079, 127, 134

ウィルバー Wilber, K.⋯021, 076

ウェア Ware, P.⋯096, 097

ウォール Wahl, B.⋯130

エインスワース Ainsworth, M.⋯049, 058

エヴァンス Evans, K.R.⋯019, 183

エザリントン Etherington, K.⋯080

エリクソン Erickson, M.H.⋯076

エリス Ellis, A.⋯004

オグデン，トーマス Ogden, T.H.⋯069, 141

オグデン，パット Ogden, P.⋯042, 046, 167, 179, 180

オブライエン O'Brien, M.⋯112, 115, 118, 153, 154

ガーゲン Gergen, K.J.⋯080, 081, 210

ガーソン Gerson, S.⋯141, 142

カーン Kahn, M.⋯116

カウフマン Kaufman, G.⋯182

カント Kant, I.⋯005

ガントリップ Guntrip, H.⋯092

ギアーツ Geertz, C.⋯074

ギャバード Gabbard, G.O.⋯100

ギルバート Gilbert, M.C.⋯019, 183

クーパー Cooper, M.⋯028, 135, 153

クラークソン Clarkson, P.⋯021, 085, 120, 134, 136

クライン Klein, M.⋯048

グラス Glass, C.R.⋯117, 121

グリーンソン Greenson, R.R.⋯121

グリーンバーグ Greenberg, J.R.⋯004, 134

ケースメント Casement, P.⋯127, 152, 205, 206

ケプナー Kepner, J.I.⋯167

ケリー Kelly, G.⋯033

ゴーマン Gorman, J.M.⋯114

コフート Kohut, H.⋯137, 161, 175, 176

サズ Szasz, T.⋯210

サフラン Safran, J.D.⋯151, 152, 200

サンダーランド Sunderland, M.⋯189

シーゲル Siegel, D.J.⋯039, 042, 043, 047, 058, 063, 084, 104

ジェイコブス Jacobs, J.J.⋯202

ジェイコブス Jacobs, M.⋯146, 194, 195

ジェルソ Gelso, C.J.⋯120, 121

ショア Schore, A.N.⋯018, 024, 035, 036, 040, 041, 051, 056, 058, 089, 094, 104, 128, 157

ジョイス Joyce, P.⋯168

ジョインズ Joines, V.⋯097

ショーン Schön, D.A.⋯211

ショッテンバウアー Schottenbauer, M.A.⋯033

ジョンソン Johnson, S.⋯092

シルズ Sills, C.⋯168

ジンカー Zinker, J.⋯188

スキナー Skinner, B.F.⋯044

スコット Scott, C.⋯104

スターン Stern, D.N.⋯113, 128, 144, 156, 157, 160, 167

スタイルズ Stiles, W.B.⋯023

スチュアート Stewart, I.⋯097

ストロロウ Stolorow, R.D.⋯063, 071, 072, 090, 127, 137, 152, 158, 159

スピネッリ Spinelli, E.…062, 101, 102, 123, 169

スミス Smith, M.L.…022

スミス Smith, S.…076

スミス・ベンジャミン Smith Benjamin, L.S.…092, 100

スローホワー Slochower, J.…203

ゼッツェル Zetzel, E.R.…121

セリグマン Seligman, M.…004, 114

ソロモン Solomon, J.…049

ダマシオ Damasio, A.…035, 038, 044, 045

ダラード Dollard, J.…017

ダンカン Duncan, B.L.…028, 114

チューズド Chused, M.D.…202, 203

チョムスキー Chomsky, A.N.…044

デカルト Descartes, R.…038, 044

トールマン Tallman, K.T.…027

トリューブ Trüb, H.…123

トルピン Tolpin, M.…137, 175

トレヴァーセン Trevarthen, C.…053, 144, 043

トンプソン Thompson, J.…143

ニューンズ Newnes, C.…003

ネイサン Nathan, P.E.…114

ネイサンソン Nathanson, D.L.…182

ノークロス Norcross, J.C.…025

ノックス Knox, S.…199

パーカー Parker, I.…093, 210

バーカム Barkham, M.…146, 212

ハート Hart, S.…039, 046

ハーマン Herman, J.L.…089, 106

パールズ Perls, F.…004, 157

バーン Berne, E.…063, 069, 072, 091, 124, 151, 169, 171, 177, 186

ハイクナー Hycner, R.…075, 076, 102, 123, 124, 131, 142, 147, 173

ハイマン Heimann.P.…196

ハッブル Hubble, M.A.…011, 025, 027

パンクセップ Panksepp, J.…035, 044

ビービー Beebe, B.…053, 144, 152, 157, 172

ヒューストン Houston, J.…112, 115, 118, 153, 154

ヒル Hill, C.E.…199,

ピルグリム Pilgrim, D.…073, 093, 210

フーコー Foucault, M.…165

ブーバー Buber, M.…076, 102, 123, 130, 142, 173, 195

フェルサム Feltham, C.…004,

フェレンツィ Ferenczi, S.…004

フォナギー Fonagy, P.…017, 047, 048, 056, 062, 068, 070, 071, 083, 114, 129, 142, 147, 148, 185, 201

フランク Frank, J.D., Frank.J.B.…017, 116

ブリアー Briere, J.…104

フレンチ French, T.M.…017, 129

フロイト Freud, S.…004, 048, 052, 116, 121, 165, 210

ベイトソン Bateson, G.…211

ベイトマン Beitman, B.D.…078, 091, 177

ヘイリー Hayley, J.…112

ベック Beck, A.T.…099

ボウルビィ Bowlby, J.…048, 049, 051, 052, 071

ボーディン Bordin, E.S.…121

ポール Paul, G.…029

ボストン変化プロセス研究グループ Boston Change Process Study Group…064, 067, 113, 139, 156

ボハート Bohart, A.C.…023, 027, 163, 164

ホフマン Hoffman, L.…210

ボラス Bollas, C.…159

ホランダーズ Hollanders, H.…216

マーティン Martin, D.J.…121, 122

マクレオッド McLeod, J.…081, 188

マクローリン McLaughlin, J.T.…203, 204

マグワイア Maguire, K.…131

マズロー Maslow, A.H.…076

マッケウン Mackewn, J.…091, 134, 135, 140

マローダ Maroda, K.J.…196-198

マン Mann, D.…192, 193

ミラー Miller, S.D.…027-029

ミラー Miller, R.…112

メアンズ Mearns, D.…063, 135, 161

メイ May, R.…101,

メイン Main, M.…039, 046, 049-051

メスラー・デイヴィス Messler Davies, J.…192

メッサー Messer, S.B.…031

236

ヤーロム Yalom, I.D.…101, 198

ヤング Young, J.E.…185,

ユング Jung, C.G.…020, 076

ライクロフト Rycroft, C.…126

ライト Wright, K.…142

ラゴ Lago, C.…074, 143

ラザラス Lazarus, A.A.…029

ラックマン Lachmann, F.M.…053, 152, 157, 172

ラップワース Lapworth, P.…019, 021

ランバート Lambert, M.J.…028, 114

リーダー Leader, D.…003

リネハン Linehan, M.L.…033, 184

リフトン Lifton, R.J.…102

リングストローム Ringstrom, P.A.…173

ルドゥー LeDoux, J.…035, 039

ルボルスキー Luborsky, L.…022, 121

レイン Laing, R.…092

ローゼンツヴァイク Rosenzweig, S.…017, 022, 025

ローワン Rowan, J.…076, 194, 195

ロジャーズ Rogers, C.R.…027, 116, 131

ロス Roth, A.…114

ロスチャイルド Rothschild, B.…036, 084

ユーバンクス=カーター Eubanks-Carter, C.…008, 093

ワクテル Wachtel, P.L.…017, 033

ワトソン Watson, J.…044

ワムポルド Wampold, B.E.…011, 023, 028, 033

▼**事項索引（五十音順）**

・**あ**

相性（セラピストとクライエントの）…007, 118

「あいだ」…076, 142

愛着

　──スタイル…047-051, 071, 088, 091, 099, 108

　──パターン…049, 058, 080

　──理論…048

　成人──面接…046, 050, 051, 080

悪循環…151, 201

アクセプタンス…033

アセスメント面接…118

「厚い」記述…074

アフェクト…038, 045

あやまち…201, 204, 205

　→失敗から学ぶ

安全基地…049

暗黙の関係交流…011, 156, 163

暗黙的領域／リフレクティヴ−言語的領域…064, 067, 139

椅子（の技法）…136, 186

　→エンプティチェア

依存性…048, 051, 055

一者心理学…004, 049, 144

五つの関係性モデル…021

一般化された相互交流に関する表象…078

　→ RIG

今のモーメント…157

意味生成…177

インクルージョン…147, 148

ウィルバーのモデル…021

うつ病…003, 025, 092

エディプス・コンプレックス…165

エナクトメント…049, 052, 142, 202-204

エナジー療法…034

エンプティチェア…029, 186

オーガナイジング・プリンシプル…072, 088, 090, 091, 126, 135, 152, 158

汚染された思考…158

恩寵…130

・**か**

解離…019, 084-086, 168, 179, 180

解離性同一症…085, 086, 180

過覚醒…042, 084, 085, 104

学習レベル…211

学派主義…004

可塑性（脳の）…041, 044, 060

刈り込み（神経細胞の）…040, 041

借り物の技法…018

眼窩前頭皮質…041, 046, 047

眼球運動による脱感作および再処理法（EMDR）…034

関係精神分析…049, 141, 202

関係性の深さ…135

関係地図…078, 177

間主観性…053, 063, 071, 072, 126, 127, 141, 144

　　──理論…063, 126, 127

感情が高まる瞬間（モーメント）…172

感情神経科学…035, 038, 039, 044, 053, 058, 104

感情調節不全…094

技法折衷派…029

逆転移…126, 127, 141, 167, 193, 196, 197, 202

脚本（交流分析）…089, 091, 137, 177, 178,

　　防衛的──182, 183

　　文化的な──089

『キャッチ＝22』…058

境界性パーソナリティ障害…047, 056, 184

共感…161-164

　　──的共鳴…032, 161, 162

共同創造…005, 010, 011, 012, 028, 062, 113, 120, 135, 141, 142, 157, 202

クライエント

　　──の期待…017, 116, 117

　　──の理論…028

　　──要因…028

経験依存的可塑的変化…041

系列的統合…033

ゲーム（交流分析）…072, 151, 177

ゲシュタルト療法…004, 091, 136, 139, 140, 142, 157, 173, 184-187

結果に関する情報に基づくアプローチ…027, 029

欠陥の言語…210

結晶化…171

原始脳…035, 045, 046

言説…165, 209

現前する過去…146

交代人格…086

行動化…142, 192, 203, 213

行動主義…016, 017, 044

　　──と精神分析の和解…016

公認要件…212

拷問…089, 131

交流分析…063, 069, 078, 091, 096, 129, 136, 151, 158, 186

心の理論…068, 082, 147

『子どもと家族とまわりの世界』…054

『子どものケアと愛の成長』…048

『子どもの対人世界』…052

コンテイナー…089

コンピテンシー…002, 004, 009, 010, 213

　　メタ──211

・さ

再－エナクト…193, 196

サイコシンセシス…063, 076, 186

再被害化…104

催眠…034, 076

再養育…129

作業同盟…012, 120-122, 124, 136, 142

ジェンダー…074, 109, 132, 165

自我違和的同性愛…165

自我状態…063, 069, 070, 072, 085, 086, 129, 136, 169, 170, 179, 186

　　大人の──063, 070, 136, 169, 170, 186

　　親の──70, 129, 186

　　子の──70, 186

自己

　　──過程…065

　　──感…053

　　──感の分裂…020

　　──再帰性…068

　　あたかも正常に見える──（ANP）…086

　　偽りの──019, 054, 127

　　現実──063

　　再帰的──008

　　知る者としての──068

　　発達的──019

　　本当の──019, 054, 063

自己愛…067, 075, 097, 152, 175

──の障害…067

自己開示…124, 125, 135, 169, 198, 199

自己心理学…032, 062, 126, 137, 152, 161, 173

自己対象…127, 137, 138, 159, 161, 175, 176, 200
　　──の次元…127, 138, 175

自己調節…040, 045, 047, 060, 094, 156, 172

実存的問題…003, 101, 195

死の不安…101

社会構成主義…002, 081, 196, 208

修正情動体験…129

守秘義務…009, 199

衝撃によるコミュニケーション…127

情動調節…039, 042, 047, 089

情動調律…053, 144

情動的なパーソナリティ部分（EP）…086

『情念論』…038

初回面接…112, 113

自律神経系…042, 056, 084

神聖心理学…076

真正性…102

身体自己…066, 067

身体疾患…092

心的外傷後ストレス障害…047, 058, 085, 089, 106
　　複雑性──…106
　　慢性的な──…089

心的等価…070, 083, 148

心的土台…035, 044

心理学の三つの本流…016

心理−動物行動学…113, 156

心理療法の実効性…022, 027, 124

スーパーヴィジョン…009, 113, 166, 197, 202, 204, 211

スキーマ療法…184

ストレンジシチュエーション法…049, 050, 058

スピリチュアリティ…011, 019, 021, 075, 077, 102, 130, 131

性格分析…099

生気情動…066, 128, 167

誠実性…006, 012, 013

精神医学…016, 048, 092, 104, 213

精神分析（学）…004, 016, 017, 033, 048, 126, 161, 196, 198

『精神分析学辞典』…126

性的虐待…089, 143, 210

性的指向…074, 109, 132, 165, 166

生命調節…045

セクシュアリティ…165, 193

折衷主義…006, 029, 030

『説得と治療』…116

是認的で共感的な問いかけ…158

セラピーにおける五つの関係性…120

セラピスト要因…028

潜在的な共通要因…022, 025

専門家意識…211

専門家組織…213

想起意識…046

双極性障害…092

相互的役割法…078

創造的適応…096

相補性…033, 034

即興の瞬間…173

・た

対象関係論…069, 078

対象の使用…127, 134

耐性の窓…042, 056, 084, 149, 180

代理的内省…161

対話的心理療法…076

多軸診断…025, 108

脱感作…034, 085

中核条件…027

中核的対人関係スキーマ…078, 079, 137, 151, 177

治癒要因…017, 163, 205

直面化…158, 169, 170, 183

治療外要因…028, 114

治療関係…011, 024, 026-028, 063, 079, 089, 094, 112, 114, 120, 127, 128, 135, 159, 192, 193, 196, 203, 205

治療計画…009, 011, 094, 099, 118

治療的二者関係…157

治療同盟…009, 012, 023, 030, 121, 132, 138, 142, 151, 161, 163, 170, 179, 200

　　——の亀裂…138, 151

治療様式の横断…002

適応的な発振器…156

徹底操作…127, 134, 192, 193, 196, 197, 203, 205

転移…052, 116, 120, 121, 124-129, 132, 134-138, 141, 159, 161, 167, 175, 183, 192, 193, 196, 200, 203-205

　　——関係…120

　　——空想…202

　　——性恋愛…116

　　——の扱い…134

　　——の自己対象次元…127, 137

　　——の成長する端・引きずる端…137

　　——の反復次元…127, 137

　　性愛——…192, 193

　　セラピー以前の——…132, 196

　　陽性——…121, 192

　　理想化——…121

ドア（交流分析）…097

投影…020, 126, 133, 134, 136, 157, 194, 198, 203

投影同一化…157, 194, 203

同化的統合…031

統合失調症…025, 092

統合的心理療法…007, 009, 019, 030, 087, 090, 129, 134, 150, 153, 154, 196, 215

同性愛…093, 165, 192

東洋思想…077

ドードー鳥の判定…022, 023, 027

共に在る方法…080

トラウマ

　　——体験…036, 071, 080, 084-086, 104, 149

　　——分野の研究…036

　　早期発達——…046

トランスパーソナル…011, 075, 076, 120, 130, 131, 194, 195

鈍感化…085

・な

内的作業モデル…049, 078

内的統制の所在…179

七段階モデル…021

ナラティヴ…002, 080, 081, 084, 085, 102, 107, 128, 139, 142, 171, 177, 178, 180, 188

ナラティヴ的真実と歴史的真実…188

二者心理学…049, 144

乳幼児研究…053, 156

人間対人間の関係…120, 124

認知行動療法…002, 004, 023, 033, 099, 115, 158, 184

認知分析療法…033, 063, 078, 212

脳スキャニング技術…035

・は

パーソナリティ

　　——障害…047, 056, 092, 096, 184

　　——スタイル…063, 088, 089, 096, 097

　　『——と心理療法』…017

　　サブ——…063

パーソナルコンストラクト理論…033

パーソンセンタードアプローチ…023, 027, 063, 135, 161

　　→ロジャーズ派

背景的情動…045

恥に基づくシステム…182

発達

　　——的第三者…142

　　——的に必要な関係性…128, 129

　　——論的関係モデル…021

パニック症…094, 114

反‐抑圧的な実践…210

被観察乳児／臨床乳児…052

批判的な主観性…153

ヒューマニスティックセラピー…002, 016, 124, 195

ヒューマニスティック心理学…073

表象的な関係性…120, 132

不安症…025, 092, 115

フィーリング…038, 044, 045

フェミニスト…073

副人格…187

不合理な信念…158

物質乱用…028, 095

プラセボ効果…114

フラッシュバック…084, 085, 104

プレゼンス…131, 206

プロセスとしての倫理…208

文化的第三者…143

分析家の愛…116

分析空間…142

分析的第三者…141, 142

並行的統合…033

「変化の心と魂」計画…028

変化のビジネス…027

弁証法的行動療法…033, 212

弁証法的−精神内界的／対話的−対人関係的…
　　062, 123, 124

変容性内在化…175, 176

ポストモダン…011, 081, 216

ほどよい近さ…049

ほどよい母親…054

ホリスティックな視点…019

本物の人としてのセラピスト…055

・ま

マインドサイト…047

マインドフルネス…033, 184, 185

マルチモードモデル…029

右眼窩前頭皮質…041, 046

未構成の経験…158, 160

未思考の知…159, 160

ミラーニューロン…039, 156

無意識

　関係的──…141, 142, 202

　前リフレクティヴ──…158

　未承認の──…158-160

　力動的──…158, 159

メタファー…010, 069, 173, 178, 188-190, 193

メタ分析…022, 023

メタモデル…021

メンタライゼーション…047, 057, 068, 071, 082,
　　083, 142, 143, 147, 185, 212

問題のフォーミュレーション…087, 088, 089, 090,
　　099, 101, 108

・や

夢…190, 191

・ら

ラケットシステム…078

リアルな関係性…123, 135

リアルな出会い…123

力動的アセスメント…100

リファー…112, 118, 133

リフレクティヴ機能…008, 051, 057, 068, 069,
　　071, 082, 083, 147

倫理…005, 010, 012, 073, 129, 207-210

ルーチン評価臨床成果（CORE）…113

恋愛…116

ロジャーズ派…116

・わ

ワーキングメモリ…039

我−汝関係…076, 123, 124, 173, 195

我−汝の瞬間…173

・アルファベット

DSM (-IV-TR)…025, 092, 093, 099, 104, 106,
　　108, 118

DWEMs (Dead White European Males)…073

OK（交流分析）…124

RIG (Representation of Interactions that have
　　become Generalized)…078-080

著者

マリア・ギルバート Maria Gilbert

ロンドンのメタノイア研究所統合部門の共同責任者であり、研究所の統合的心理療法修士課程とコーチング心理学修士課程のプログラムリーダー。

ヴァーニャ・オーランズ Vanja Orlans

メタノイア研究所とミドルセックス大学の共同プログラムである専門課程によるカウンセリング心理学と心理療法博士号プログラムのリーダー。メタノイア研究所統合部門の共同責任者でもある。

監訳者

前田泰宏 （マエダ・ヤスヒロ）

関西学院大学大学院文学研究科心理学専攻博士課程前期課程修了（文学修士）、現在、奈良大学名誉教授、臨床心理士、公認心理師。専門／統合・折衷的心理療法、マインドフルネスに基づくアプローチ。

主な著訳書…『これからの心理臨床―基礎心理学と統合・折衷的心理療法のコラボレーション』（編著・ナカニシヤ出版 2007 年）／オハンロン『トラウマ解消のクイック・ステップ―新しい 4 つのアプローチ』（監訳・金剛出版 2013 年）／『統合・折衷的心理療法の実践―見立て・治療関係・介入と技法』（編著・金剛出版 2014 年）／ティーズデールほか『マインドフルネス認知療法ワークブック―うつと感情的苦痛から自由になる 8 週間プログラム』（共監訳・北大路書房 2018 年）／『心理療法統合ハンドブック』（分担執筆・誠信書房 2021 年）／ジュヴェルツほか『マインドフルネス・コンパッション指向統合的心理療法』（共訳・北大路書房 2024 年）など。

東 斉彰 （アズマ・ナリアキ）

関西学院大学大学院文学研究科博士前期課程修了（文学修士）、大阪心理療法センター所長、九州大学医学部付属病院心療内科技官、一般財団法人住友病院臨床心理科主任、広島国際大学大学院心理科学研究科実践臨床心理学専攻教授を経て、現在、甲子園大学心理学部教授／羽衣カウンセリングオフィス共同代表。専門／統合・折衷的心理療法、認知療法・認知行動療法、比較思想・比較文化論から見た心理学・心理療法論。

主な著訳書…『統合的観点から見た認知療法の実践―理論・技法・治療関係』（岩崎学術出版社 2011 年）／『心理療法・カウンセリングに生かす認知療法―統合的認知療法の実際』（誠信書房 2020 年）／『統合的方法としての認知療法―実践と研究の展望』（編著・岩崎学術出版社 2012 年）／『統合・折衷的心理療法の実践―見立て・治療関係・介入と技法』（編著・金剛出版 2014 年）／『公認心理師標準テキスト―心理学的支援法』（編著・北大路書房 2019 年）／ラザラス『行動療法の展開―マルチモードアプローチ』（共訳・二瓶社 1999 年）／エメリィ『うつを克服する 10 のステップ―うつ病の認知行動療法 セラピストマニュアル』『クライエントマニュアル』（監訳・金剛出版 2010 年）など。

訳者

加藤 敬（カトウ・タカシ）
にしじまファミリークリニック、ナンバかぎもとメンタルクリニック、奈良大学大学院非常勤講師／臨床心理士・公認心理師（PART 1／PART 8）

吉岡千波（ヨシオカ・チナミ）
公益財団法人田附興風会医学研究所北野病院神経精神科／臨床心理士、公認心理師、精神保健福祉士（PART 2）

丸山直子（マルヤマ・ナオコ）
心理・発達サポートルーム代表／臨床心理士、公認心理師（PART 3）

林 郷子（ハヤシ・キョウコ）
奈良大学社会学部心理学科教授／臨床心理士、公認心理師（PART 4）

小山秀之（コヤマ・ヒデユキ）
特定非営利活動法人 Peer 心理教育サポートネットワーク理事長、横浜市立大学客員准教授、内閣府こども家庭庁「こども・若者支援体制整備及び機能向上事業」アドバイザー／臨床心理士、公認心理師、社会福祉士（PART 5）

東 斉彰（アズマ・ナリアキ）
監訳者紹介参照（PART 6）

巣黒慎太郎（スグロ・シンタロウ）
神戸女子大学心理学部准教授／臨床心理士・公認心理師（PART 6）

内田由可里（ウチダ・ユカリ）
メンタルヘルス相談室オフィスうちだ室長／臨床心理士、公認心理師（PART 7）

統合的心理療法 100 のポイントと技法

2024 年 10 月 10 日 印刷
2024 年 10 月 20 日 発行

著　者──マリア・ギルバート／ヴァーニャ・オーランズ
監訳者──前田泰宏／東 斉彰
発行者──立石正信
発行所──株式会社 **金剛出版**
〒112-0005 東京都文京区水道 1-5-16 升本ビル　電話 03-3815-6661　振替 00120-6-34848
カバーデザイン──戸塚泰雄　印刷・製本──モリモト印刷株式会社
ISBN978-4-7724-2051-8　C3011　©2024 Printed in Japan

JCOPY 〈(社) 出版者著作権管理機構 委託出版物〉本書の無断複製は著作権法上での例外を除き禁じられています。複製される場合は、そのつど事前に、出版者著作権管理機構（電話03-5244-5088, FAX 03-5244-5089, e-mail: info@jcopy.or.jp）の許諾を得てください。

愛着トラウマケアガイド
共感と承認を超えて

[監修]=岩壁 茂　[著]=工藤由佳

●A5判 ●並製 ●240頁 ●定価3,520円
● ISBN978-4-7724-2022-8 C3011

幼少期の愛着トラウマを安全基地で癒し、
変わりゆくクライエントをサポートする、
事例と逐語でわかりやすい「トラウマケアガイド」。

統合的心理療法と
関係精神分析の接点
循環的心理力動論と文脈的自己

[著]=ポール・ワクテル
[監訳]=杉原保史　[訳]=浅田裕子 今井たよか

●A5判 ●上製 ●352頁 ●定価5,500円
● ISBN978-4-7724-1685-6 C3011

ワクテルが提唱する統合的心理療法、
循環的心理力動アプローチを
コンパクトに伝える。

統合・折衷的心理療法の実践
見立て・治療関係・介入と技法

[編著]=東 斉彰 加藤 敬 前田泰宏

●A5判 ●並製 ●192頁 ●定価3,300円
● ISBN978-4-7724-1364-0 C3011

三つの統合・折衷アプローチによる
臨床の実際を通して示される
心理療法の統合。

価格は 10% 税込です。